人生好難，但這本心理學超簡單！

樂律

U0078212

明道 著

50個
讓人後悔為什麼
沒早點知道的
實用心理學

鳥籠效應｜安慰劑效應｜破窗效應｜登門檻效應

免費不是真免費，為了配套甚至更花錢？ 老好人沒人在意，高傲冷漠反而受歡迎？
說不緊張越緊張，其實都是在自我暗示？ 明亮產生戒備感，環境昏暗反倒更安心？

提升自我認識、改善人際關係、獲得成功與幸福
一本書就能掌握改變生活的心理學理論！

目 錄

前言

第一章　幫你認清自己的心理學效應

巴納姆效應 ── 認識真正的自己　　　　　　　010

定型效應 ── 不要被刻板印象影響　　　　　　017

聚光燈效應 ── 不要把自己的問題放大　　　　023

毛毛蟲效應 ── 不要盲目跟著習慣走　　　　　028

鳥籠效應 ── 其實不需要那麼多　　　　　　　034

投射效應 ── 不是所有的人都和你一樣　　　　041

月暈效應 ── 以偏概全很容易　　　　　　　　048

迴力鏢效應 ── 想像和現實總會差很多　　　　057

蔡加尼克效應 ── 沒做完的事情印象更深　　　060

成敗效應 ── 努力後會有完全不同的結果　　　069

近因效應 ── 最近發生的事記憶最深刻　　　　073

角色效應 ── 角色影響行為　　　　　　　　　080

第二章　幫你建立良好人際關係的心理學效應

銘印效應 —— 第一真的很重要　　　　　　　　090

阿倫森效應 —— 先貶後褒效果最好　　　　　　093

登門檻效應 —— 提要求時要懂得循序漸進　　　098

多看效應 —— 越是熟悉的越喜歡　　　　　　　102

拆屋效應 —— 拒絕之後的讓步　　　　　　　　107

吊橋效應 —— 危險的環境能促進感情的發展　　110

羅密歐與朱麗葉效應 —— 越是阻止，感情就越強烈　113

地位效應 —— 地位越高越容易被認同　　　　　118

盧維斯定理 —— 處理好謙虛的尺度　　　　　　123

改宗效應 —— 有時「反對者」更受歡迎　　　　126

出醜效應 —— 最受歡迎的是優秀但有小缺點的人　131

古德曼定理 —— 聆聽比訴說更重要　　　　　　137

赫洛克效應 —— 要及時做出評價　　　　　　　142

醞釀效應 —— 有難題解決不了時先擱置　　　　147

刺蝟法則 —— 保持一定距離　　　　　　　　　152

淬火效應 —— 必要時要進行冷處理　　　　　　159

第三章　幫你獲得成功的心理學效應

糖果效應 —— 自控力越強越容易成功　　　　　166

習得性無助 —— 失去信心才是最可怕的　　　　171

布里丹效應 ── 猶豫不決害死人 177

瓦倫達效應 ── 越是擔心就越容易失敗 182

青蛙效應 ── 要適當地給自己增加壓力 186

破窗效應 ── 不要容忍壞現象的存在 190

德西效應 ── 獎勵不一定都有用 193

吉格勒定理 ── 為自己設定一個高目標 197

蘑菇定律 ── 不經歷風雨怎麼見彩虹 201

馬太效應 ── 好的越來越好，壞的越來越壞 206

手錶定律 ── 選擇越多，越是混亂 209

異性效應 ── 男女搭配，做事不累 214

第四章　幫你獲得幸福的心理學效應

酸葡萄效應與甜檸檬效應 ── 想辦法擺脫煩惱 222

莫札特效應 ── 聽音樂能讓人高興 226

安慰劑效應 ── 希望可以治病 231

羅森塔爾效應 ── 期望產生動力 235

貝勃定律 ── 第一次的刺激很重要 240

齊加尼克效應 ── 壓力會隨著任務結束而消失 244

霍桑效應 ── 受到關注後行為會發生改變 249

黑暗效應 ── 黑暗能給人帶來安全感 256

史華茲論斷 ── 幸福是自己定義的 260

野馬結局 ── 不要因一點小事生氣 264

目錄

前 言

在我們的日常生活中，總是出現很多與心理學有關的現象，比如，我們看到一位老年人，就會很自然覺得他一定是穩重且保守的，這其實是定型效應在影響著我們；算命的時候，雖然算命師只是說了一些非常籠統的話，但是我們會覺得他說得很準，其實如果你了解心理學，就會知道自己之所以覺得算命師說得準，是巴納姆效應在發生作用；你會發現生活中自控力越強的人，所取得的成就也越大，這就是心理學上的糖果效應；你總是不自覺把自己身上的一點點小問題無限放大，這是聚光燈效應搞的鬼等等。

總之，心理學是一門非常有趣的學問，而且與我們的生活息息相關，每個人都應該讀一點心理學，並不是只有心理諮商師和學習心理學專業知識的學生才能讀。了解一點心理學知識有助於我們了解這個世界，這對我們的人際交往、日常生活以及身心健康都會有很大的幫助，它可以幫助我們解答生活中遇到的與心理有關的問題，比如，如何認識自己、如何面對挫折、如何更好地與人交往、如何讓自己過得更幸福。

不過，因為心理學的範圍很廣，涉及的內容又多，沒辦

法一一盡述。所以經過一番權衡後我們選擇了一條較為便捷的道路，那就是給大家介紹一些與我們的生活關係密切的心理學效應，這些心理學效應反映的都是生活中比較常見的心理學現象和規律。

　　了解、掌握並熟練運用這些心理學效應，對我們的日常生活和工作都會有不小的幫助。為了能讓大家較為容易理解、掌握並運用這些心理學效應，我對每一個效應都進行了詳細的解釋，梳理了它的含義、來源及其與社會生活的連繫，希望能對讀者有所幫助。

第一章
幫你認清自己的心理學效應

巴納姆效應
── 認識眞正的自己

【心理學詞典】

　　巴納姆效應也被稱為「佛瑞效應」，它是心理學家伯特倫・佛瑞（Bertram Forer）於 1948 年透過實驗證明的一種心理現象，主要內容是：人們通常會認為那種一般性、較為籠統的人格描述能夠非常準確地將自己的特點揭示出來，而且當人們用一些含義廣泛、模糊不清的形容詞去對一個人進行描述的時候，對方很容易接受這些描述，認為人們說的就是自己。

　　巴納姆是一名魔術師，有一次他在對自己的表演進行評價時說，他的節目之所以受歡迎，是因為節目中包含了所有人都喜歡的成分。

　　由於巴納姆的話和該效應的主要內容是相似的，所以在 1950 年代，心理學家保羅・米爾（Paul E. Meehl）就以巴納姆的名字將佛瑞透過實驗揭示的現象命名為「巴納姆效應」。

【心理學實驗】 ●●●●●●●●●●●●●●●●●●●●●●●●●●●●

1948 年，心理學家佛瑞對學生進行了一項人格測驗，具體內容是，每個學生都會得到一段「人格分析」，他讓學生根據「人格分析」與自身特質的契合程度來評分，0 分是最低的，5 分是最高的，而事實上每個學生得到的「人格分析」都是相同的一段話：

「你祈求受到他人喜愛，卻對自己吹毛求疵。雖然你的人格有一些缺陷，但整體而言你都有辦法彌補。你擁有可觀的未開發潛能，尚未就你的長處進行發揮。看似強硬、嚴格的自律外在掩蓋著不安與憂慮的內心。許多時候，你會嚴重質疑自己是否做了對的事情或決定。你喜歡一定程度的變動並在受限時感到不滿。你為自己是獨立思考者而自豪，並且不會接受沒有充分證據的言論。但你認為對他人過度坦率是不明智的。有些時候你外向、親和、富有社會性，但有些時候你卻內向、謹慎而沉默，你的一些抱負是不切實際的。」

結果這些學生的平均評分是 4.26，這已經是一個很高的分數了，而隨後佛瑞卻告訴大家，這段「人格分析」是他從星座與人格關係的描述中節選出來的。而從「人格分析」的描述中可以看出，其中有很多話都適用於任何人，因為它講得比較廣泛，而且含義模糊。在關於巴納姆效應的另一個實驗中，參加實驗的學生用的是明尼蘇達多項人格問卷。測驗結束後，研

究人員對每個學生的報告做出評估，他們先寫下對學生個性的正確評估，但是給了學生兩份評估報告，其中一份是正確的，一份是偽造的，全都是語言模糊、泛泛而談的評估。

隨後，研究人員問學生們覺得哪一份評估最能夠契合其自身的特質或是性格特徵，結果有 59% 的學生選擇了那份偽造的評估報告。

【心理學與生活】

透過巴納姆效應的定義和相關實驗，我們可以得出這樣的結論：其實我們很難了解真實的自己，很難對自己所處的環境做出正確判斷。而且我們在日常生活中很容易受到外界的影響或暗示，它們讓我們的自我認知出現偏差，從而無法做出正確的判斷。

很多朋友都有算命的經歷，而很多人在聽了算命師的描述後都會覺得他們算得很準。其實，這一方面是因為去算命的人本身就很容易接受暗示；另一方面是「主觀驗證」在發生作用，也就是說如果我們想要相信一件事，就一定能找到各種證據來支持自己。再加上算命師比較善於揣摩人的內心想法，其描述又比較籠統、含糊，這個時候我們自然就會對其描述的內容深信不疑。

不能正確地認識自己，容易被外界暗示或干擾，無法做

出正確判斷，這是巴納姆效應帶給我們的負面影響。不過如果我們能對其巧妙利用，也能把壞事變成好事。

比如，我們在和別人聊天，尤其是和心儀的異性聊天時，如果想讓對方覺得我們善解人意，那就要把巴納姆效應好好加以利用。

如果對方是雙子座的，我們可以說：「那你一定有多重人格吧？」其實這句話完全是廢話，就算不是雙子座的人，也可能是有多重人格的。其實想想，又有誰的人格只有一面呢？不過雖然這是一句廢話，可在對方聽來卻覺得我們非常了解他，因為對方在我們進行描述的時候，一定會在大腦中搜尋那些可以印證多重人格的事例，而且只要他願意去找，就一定可以找到。

如果我們遇到一位天蠍座的人，我們可以說：「天蠍座的人一定很記仇吧？」這樣的話也不會錯，因為除非一個人失憶了，否則心裡肯定會記住一些「仇恨」。所以當對方聽到我們這樣說的時候，就會覺得我們了解他，認為我們善解人意。

再比如，如果我們遇到一名年輕人，可以這樣告訴他：「雖然你已經很努力了，也有明確的目標，但仍然有很多時候都是非常迷茫的，你不知道自己的選擇究竟是對還是錯。」這樣的話讓一名年輕人聽了，他絕對會把你當成知己。

如果我們面對的是一位學生，那我們可以這麼說：「其

實你們不是不懂事，只是比較有自己的想法而已。」這樣說，學生一定會把你當成朋友。

所以，巴納姆效應真是威力無窮，不管是什麼職業、什麼年齡的人，都適用於巴納姆效應。你如果平時能多留心，在溝通的時候就能迅速拉近自己與他人的距離。

巴納姆效應的消極影響和積極影響我們都講了，最後我們來了解一下如何避免巴納姆效應帶給我們的消極影響，從而認識真正的自己。

1・要學會正確看待自己

對自己的優點和缺點要正確看待，不可以自欺欺人。生活中總是有很多人刻意放大自己的優點，縮小自己的缺點，甚至是忽視、不承認自己的缺點。還有的人總是拿自己的缺點和別人的優點比，又或者拿自己的優點與別人的缺點比，這些都是沒有正確看待自己的表現。不要去掩蓋什麼，要尊重客觀事實，不然最終吃虧的只能是自己。

2・要做到以人為鏡，
透過與身邊人做比較來認識自己

「以人為鏡」這個概念最早出自《墨子》，意思是要將別人的成敗得失當作自己的借鑑，唐太宗便將魏徵當作匡正自

己得失的「鏡子」。而要想做到以人為鏡，選擇一位怎樣的對象去做比較是最為重要的。我們不能選不如自己的人去做比較，因為在心理上我們會輕視對方，覺得既然對方都不如自己，自己又有什麼可以向他學習的呢？同樣地，我們也不能拿自己的缺點與別人的優點比，那樣只會讓我們更加沒有信心。

正確的做法是根據自己的實際情況，選擇一名與自己條件相當的人進行比較。只有這樣才具有可比性，才能讓我們在所處的群體中找到一個合適的位置，得出的結論才會比較客觀。

3・透過重大事件，
　 特別是重大的失敗或者成功去認識自己

從重大事件中所獲得的經驗和教訓可以提供了解自己能力、個性的資訊，能夠從中發現自己的長處和不足，比如，創業失敗，遭遇災難，獲得大獎，考上名牌大學等等。我們可以從這些事件中觀察自己、認識自己。

當一個人處於成功的巔峰或者失敗的谷底中時，其狀態最能反映出一個人的真實性格，因為在這個時候我們的表現是最真實的，是不會進行掩飾的，而平時我們的狀態或多或少都有表演的痕跡。

4·要積極培養收集資訊的能力和敏銳的判斷力

很少有人天生就有明智和審慎的判斷力，所以大多數人要想擁有這樣的能力，都必須進行後天的培養。實際上，我們所說的判斷力是一種在收集、掌握了大量資訊的基礎上做出決策的能力，決策不是一拍腦袋就做出來的，資訊對判斷的支持作用是絕對不能忽視的。沒有充分的資訊收集，就很難做出正確的判斷。

定型效應
—— 不要被刻板印象影響

【心理學詞典】

定型效應又被稱為「刻板效應」、「刻板印象」，具體是指我們受到社會的影響而對某些人、某些事或者某個群體所形成固定不變的看法與評價。

它雖然可以幫助我們在一定範圍內進行快速的判斷，不需要費盡心思搜尋資訊、了解情況，但可能會因此形成偏見。這是因為我們很容易忽略個體之間的差異，往往會將某個人或者某件事機械地看作某類人或某類事的代表，進而將對某類人或某類事的看法與評價當成對具體個人或事件的評價，從而影響我們做出正確的判斷。

【心理學實驗】

蘇聯社會心理學家包達列夫（Alexey A. Bodalev）做過這樣一個實驗：

他把一個人的照片分別拿給兩組人看，照片上的這個人

有這樣的特徵：下巴向上翹，眼睛則深凹進去。而他向兩組人介紹這個人的情況時所說的話是不一樣的。他對 A 組人說：「這個人是名狡猾的罪犯」，可是對 B 組人說：「這個人是一位知識淵博的學者」，然後他讓這兩組人分別對照片上這個人的特徵做出評價。

結果 A 組人認為這個人眼睛深凹，正說明他狡猾、凶狠，而上翹的下巴則表達他頑固，不肯悔改；B 組人則認為這個人深凹的眼睛正表現他有著深邃的思想，而上翹的下巴則表示他對真理的執著探索。

為什麼兩組人對同一個人的面部特徵會有完全不同的評價呢？包達列夫經過分析後認為，這主要是因為人們對社會上各種類型的人有著一定的已經成形的看法，所以當人們把這個人當作罪犯看待時，其大腦中對罪犯的固有印象就會影響人們的評價。同理，當人們把他當作學者看待時，那自然就會有積極的評價了，而且都是和腦海中對學者的印象有掛鉤。

【心理學與生活】

刻板印象在很多時候都是一種偏見，而且我們不僅會對所接觸過的人產生刻板印象，還會根據一些不是百分之百真實的間接材料，對那些從來沒有接觸過的人產生刻板印象，比如，認為年輕人大多數是容易衝動的，而老年人普遍是穩

重、保守的，而且平常遇到老年人的時候會很自然地對其表現出尊敬。我們還會認為北部人待人較為冷漠，而南部人則富有人情味；認為男性總是具有較強的獨立性和競爭性，而女性則通常比較容易依賴他人等等。

其實，這樣的看法都是我們大腦中形成固定、刻板的印象，刻板效應會讓我們在認識某人時先將他的一些特徵歸為某類成員，然後再把屬於這類成員的一些典型特徵歸屬到他身上，以此為根據去認識他，這樣一來比較「省力」，但就很容易造成偏見。之所以會產生這種偏見，主要有以下原因。

一方面，人們的思維規律都是從個別到一般，再從一般到個別的。如果我們在沒有充分掌握某類人全面的感性材料時就對其進行概括，那麼大腦中所形成的印象往往是不符合這類人的實際特徵。而根據這種印象對人進行判斷與評價，又不去考慮個人的具體生活環境，自然就會產生錯誤的刻板印象。

另一方面，我們在日常交往中根本不可能對某個群體或者某類別中的每一位成員都進行全面的了解，所以只能由個體去推知整體了，這也是非常無奈的事。

刻板印象一經形成就很難改變，而且還會對我們的日常生活產生非常大的影響。網路上曾有一道非常有趣的測試，題目是這樣的：

某地的一位警察局局長在路邊和一個人聊天，這時候跑過來一個小孩，很著急地對局長說：「你爸爸和我爸爸吵起來了！」這時旁邊這個人就問：「這孩子跟您是什麼關係？」局長說：「這是我兒子。」

　　問題：你知道那兩個吵架的人和警察局局長是什麼關係嗎？

　　就這樣簡單的一道測試，在參加測試的一百個人中居然只有兩個人答對了，而且還都是孩子。這道題的答案是：局長是女的，吵架的一個是局長的爸爸，也就是孩子的外公；另一個是局長的老公，也就是孩子的爸爸。

　　看到這裡我們不禁要問，為什麼這麼簡單的問題有那麼多成年人答不對，而孩子卻答對了呢？這是因為在成年人的固定印象中，公安局局長就應該是男的，從局長是男性這條線索去推理的話，自然沒辦法得到正確答案；而孩子腦中卻沒有成年人那樣的刻板印象，所以自然就能找到正確答案。

　　在現實生活中，市場研究顧問公司在對入戶訪問的員工進行應徵時，通常都喜歡招募女性，而不喜歡招募男性。因為在大家的腦海中女性是比較善良的，而且具有親和力，沒有攻擊性，其本身的力量也比較弱，所以不會對他人造成實際的威脅；而如果是男性，其入戶訪問的要求通常會被拒絕，因為男性很容易讓人聯想到一些和攻擊、暴力有關的事情，從而讓人增強戒備。儘管大家清楚並不是所有的男人都具有

攻擊性、都會做壞事，但還是會拒絕他們入戶的要求，可見刻板效應對我們的日常生活影響到底有多大。

刻板印象的力量非常強大，它會讓我們在日常的學習與工作中不斷重複一些相似的行為方式和思維方式，並由此產生思想上的慣性；會讓我們不自覺地依靠過去的經驗，按照固定的思路去考慮問題、解決問題，而不願意換個角度思考問題。

刻板效應有其積極作用，也有其消極作用。積極作用是可以讓我們的認知過程得到簡化，有助於我們快速地做出判斷，讓人們在溝通中的適應性得到增強。而它所產生的消極作用要遠遠大於積極作用，它會阻礙我們對某類人新特徵的了解，會讓我們的思維變得僵化。一旦形成了錯誤的刻板印象，我們就會用這種印象去衡量一切，從而造成認知方面的巨大偏差，犯下錯誤，導致人際交往活動的失敗。

所以，我們必須在實際生活與工作中自覺克服刻板效應帶給我們的消極影響，要全面地、正確地了解周圍的人和事，最大限度地減少判斷的失誤。

克服刻板效應消極影響的具體方法如下。

(1) 擺脫原來的思維習慣，用新的思維和眼光去看待問題、解決問題。要想擺脫已經成形的思維習慣是非常不容易的，必須有巨大的決心和勇氣，付出不懈的努力才能做到，因為這確實是一件非常痛苦的事。

(2) 要善於用親眼所見的事實或者親身的經歷去校正那些「偏聽之詞」，有意識地尋找與大腦中刻板印象不一樣的資訊。

(3) 換個角度思考，就像小時候的司馬光那樣，並沒有費力地把人從水缸裡拉出來，而是直接把水缸砸破了。這樣的思維方式異於常人，但又是最快、最有效的。

(4) 要深入某個群體，對其成員進行廣泛的了解，並且要重點與群體中具有代表性的成員進行溝通。不斷地拿原來刻板印象中的資訊與實際的資訊進行對比，最終克服刻板印象的消極影響，得到正確的認知。

聚光燈效應
── 不要把自己的問題放大

【心理學詞典】 ●●●●●●●●●●●●●●●●●●●●●

聚光燈效應是心理學家季洛維奇（Thomas Dashiff Gilovich）與佐夫斯基（Kenneth Savitsky）在 1999 年共同提出的心理學概念，具體是指我們總是會在不經意間將自己身上的問題放大。在出醜的時候我們會覺得有人在關注著自己，其實別人可能當時會注意，但很快就忘了，因為沒有人會像我們自己那樣關注自己。

【心理學實驗】 ●●●●●●●●●●●●●●●●●●●●●

美國心理學家季洛維奇做過這樣一個有趣的實驗：

他在康乃爾大學隨機找了一名學生，然後讓他穿上一件看上去非常怪異的 T 恤在教室裡出現。過了一週，他針對此事專門做了一次調查，結果只有 23% 的人注意過這件事，大部分人對這件事都是不在意的，或者根本就沒注意過。

此後，季洛維奇又做了進一步的實驗，這一次他讓被隨

機抽中的學生穿上了印有例如「馬丁・路德・金恩投降」字樣
的 T 恤，同樣讓他們出現在校園或教室中。這一次參與實驗
的學生認為有 50% 的人注意到了他們的 T 恤，可事實上只有
10% 的人注意到了。

【心理學與生活】

在日常生活中，很多人都有過這樣的經歷：為了參加一
場活動，出門之前精心打扮了一番，甚至還改變髮型，穿了
一件自己覺得很漂亮的衣服，心想肯定會有很多人注意自
己。可誰知道這一天好像都沒有人在意自己，也沒有人稱讚
自己的髮型和衣服，甚至連關係親密的人都沒有注意到自己
今天的變化，這個時候我們心裡難免會有些失落。

某天我們起得比較晚，一看快遲到了，於是隨便整理儀
容就出門了。結果越忙越容易出錯，不是臉忘了洗，就是沒
穿對衣服，或者沒有時間化妝，總之自己覺得自己看起來非
常彆扭或者很醜，擔心別人嘲笑自己。而且走在大街上別人
笑著看自己一眼，就會很難受，覺得別人這是在嘲笑自己，
其實我們的這種擔心真的是多餘的，根本沒有幾個人會注意
到我們。

在飯店吃飯，當我們一不小心將杯子掉在地上，又或者
將菜掉在褲子上時，我們會緊張地左看右看，因為我們覺得

這時候很多人都看到了自己的行為，很多人都會嘲笑自己。其實根本沒有人嘲笑我們，大家該做什麼就做什麼，完全不是我們想的那樣。

我們之所以會高估別人對我們的關注程度，在意自己給別人留下怎樣的印象，是因為聚光燈效應在發生作用。

事實上，在生活中的很多方面我們都會遭遇聚光燈效應，比如，擔心自己的外表不夠完美，會讓他人反感；擔心自己身上的疤痕會被人嘲笑；擔心自己的能力不足，覺得自己沒有能力完成大事，進而變得自卑、焦慮，而這一切其實都源於我們內心對自我的不接納。

聚光燈效應還會對企業的經營造成影響，受到聚光燈效應影響的企業很有可能會設定一個遠遠超出自己能力的經營目標，從而在無意中有了一個不切實際的期望，而這個期望的落空會讓團隊成員的情緒變得沮喪。

由於我們在某些場合對自己的外表和行為過分在意，從而導致我們變得緊張、膽怯，一舉一動都謹小慎微。所以我們經常會看到有的人在開會時因過分緊張而忘記自己要說什麼，在辦公室的時候總是捂著嘴打電話，在公共場合不敢大聲說話，晚上會因為焦慮而睡不著覺等等。

那麼，我們該如何擺脫聚光燈效應帶來的負面影響呢？

1・別把自己想得太過於重要

事實上，就算在某個公共場合，比如，聚會、演講中出了醜，也沒必要太當一回事，不信你可以去問問同學、朋友，看看還有多少人記得你當年的糗事。其實大多數人對此只會有一個大概的印象，並不會記住細節。此外，就算我們自己沒辦法忘記那些讓自己出醜的事，也要記住，這些糗事對自己並沒多大的影響。

2・給自己戴上「人格面具」

我們一旦戴上了「人格面具」，就可以改變自己在社會中扮演的角色，比如，在舞臺上時我們可能是個激情四射的歌手，而在聚會時我們會變得一言不發。如果我們也想擁有「人格面具」，最常用的訓練方式就是對著鏡子做演講，因為演講的本質就是「表演」，這樣才能隨時切換角色，給自己戴上「人格面具」。

3・將自己置於弱化自我意識的環境中

沉浸在一項活動中，比如，電玩遊戲或者特定的冥想訓練都可以讓自己進入「忘我」境界，這樣做可以減少自身的偏見，增強同情心。

4・要學會弱化自身的缺點並放大優點

對那些已經客觀存在的事實，例如腿上的疤痕，我們要坦然面對。雖然這些無法被改變，但是我們可以努力提升自己的能力，也可以讓心靈得到淨化，不斷地豐富自己，提高人格魅力。到那個時候，身上的那些「缺點」就會成為你坎坷生活中的一種磨礪。

5・給自己心理暗示

在參加公共活動前，要把目的弄清楚，而且要嘗試著給自己這樣的心理暗示：「緊張是非常正常的事，別人肯定和我一樣緊張。」

6・調整呼吸節奏

如果我們太緊張，很有可能會出汗、心悸、視野狹窄。這個時候可以深呼吸幾次，再配合心理暗示，這會讓我們很快放鬆下來。

毛毛蟲效應
── 不要盲目跟著習慣走

【心理學詞典】

　　毛毛蟲會習慣性地堅守原有的經驗、習慣、本能或者先例，而沒有辦法改變尾隨的習慣，調整覓食的方向。後來，心理學家將這種喜歡跟著前者路線走的習慣稱為「跟隨者」習慣，而將因為盲目跟隨他人最終導致失敗的現象稱為「毛毛蟲效應」。

　　其實，自然界中許多比毛毛蟲要高級很多的生物也被該效應影響著，其中較為典型的是鰷魚。牠個體比較弱小且過著群居生活，並以一個體魄強健者當作群體的首領。

　　科學家做過這樣一個實驗：將一群鰷魚「首領」腦後控制行為的那部分神經切除之後，這條魚就徹底失去了自制力，行動也開始紊亂，可是其他鰷魚仍然像從前那樣跟隨著牠。

【心理學實驗】

法國心理學家約翰‧法伯做過一個著名的「毛毛蟲實驗」：

他在花盆邊緣放了很多毛毛蟲，並讓其首尾相連圍成一圈，然後又在距離花盆不遠的地方放了一些毛毛蟲特別愛吃的松葉。

結果，毛毛蟲開始一條跟著一條繞著花盆的邊緣走，走了一圈又一圈，時間一分一秒地過去，一天、兩天、三天，牠們一直沒有停下來，還是夜以繼日地繞著花盆邊緣一圈圈地走，根本不理會不遠處自己特別愛吃的松葉，直到第七天牠們都因為飢餓相繼死去。

約翰‧法伯在做這個實驗之前曾有這樣的設想：毛毛蟲很快就會厭倦根本沒有任何意義的轉圈，而轉向去吃牠們所喜愛的松葉。可非常遺憾的是，毛毛蟲並沒有這麼做。

【心理學與生活】

看了這個實驗後，相信很多人都會想到毛毛蟲之所以會遭遇那樣的悲劇，主要是因為牠們固守著原有的經驗、習慣，不做出改變，不會思考。其實如果一條毛毛蟲能夠改變尾隨的習慣而獨自去找吃的，那就能避免悲劇發生，可惜沒有出現這樣的情況。

我們在現實生活中也很難避免毛毛蟲效應的影響，比如，有的人在工作時覺得只要把自己的工作做好就行了，別的事自然有上司操心，上司總是正確的。因此，他們總是堅定地跟隨著上司的腳步，對的要執行，錯的也要執行，一點主見也沒有。一旦企業發生大的變動，他們就會不知所措，不知道該如何應對。

　　有的人平時總是埋頭苦幹，堅信一分耕耘就會有一分收穫，可是從毛毛蟲的悲劇中我們卻得出了這樣的結論：當你走在一條錯誤的道路上時，不管多少耕耘或努力都無法換來收穫，因為一開始你就錯了。所以，在平常的工作中一定要多思考，要有自己的想法，要努力尋找新的方向和思路，而不要老是跟在別人後面走，這樣才能有更多的收穫。此外，當我們的生活與工作遭遇挫折或陷入停頓時，要及時轉變思路或另闢蹊徑，不要像毛毛蟲那樣白費功夫。

　　有的人做什麼都願意跟隨大方向，大家怎麼做他就怎麼做，就算明明知道一件事不對，也不會說出來，怕得罪人，更怕自己變成被槍打的「出頭鳥」，所以才會明哲保身。這也是受到了毛毛蟲效應的影響。

　　有的人在工作與生活中非常相信書上所說的理論，非常相信名人的經驗，認為書上說的是前人總結的精髓，覺得名人的成功可以複製。結果卻因為嚴重偏離了實際情況而撞得

頭破血流。

有的人則非常相信自己固有的經驗，從而變得很固執，在遇到一些看起來「輕車熟路」的問題時，他們就會下意識按照之前的經驗去做，用既定的方式去思考，不用發展、變化的眼光去看待問題、解決問題。這樣一來，他們就會形成一種強大的慣性，只要遇到問題就按照固定的思路去思考，不願意換個角度想，結果就像那「守株待兔」的農夫一樣一無所獲。

不過，該效應對人類也會產生積極影響。那些固有的方法與思路相對來說具有一定的成熟性和穩定性，而按照已經成熟的方法與思路去做可以極大地縮短和簡化解決問題的過程。很多事都不用費力去摸索了，直接按照已經有的方法去做就行，省時省力，能更加順利、便捷地將問題解決。

可並不是所有的問題都適用同一套解決方法與思路，如果盲目按照固有的經驗和方法去解決一些看起來類似，但實質上完全不一樣的問題，最終不僅白白浪費時間和精力，還會影響問題的解決，甚至還會牽扯出別的問題。

如果長年累月用一種思維方式去思考問題，用一套方法去解決問題，不僅會讓人厭煩，還會導致我們大腦變得僵化，從而失去創新能力，影響潛力的發揮，這才是最致命的。

我們要想不斷地創新，適應時代和社會的需要，就必須擺脫思維定式，透過新的角度和方法去思考問題、解決問題，這樣才能另闢蹊徑，有所進步。

那麼，我們該如何避免毛毛蟲效應給我們帶來的消極影響呢？需要注意以下幾點。

1・對自己的思維方式進行分析

在我們想要按照特定的思路做事和借鑑已有的經驗、方法之前，一定要弄清楚該思路、經驗或方法是在哪一種具體情況下獲得的。如果現在遇到的情況發生了改變，那就應該將環境變數考慮進去，再決定是否採用它。

2・積極培養創新精神

「創新」是一個大家經常會提到的詞，可究竟什麼是創新？創新就是在前人經驗和特有經驗的基礎上，根據環境的不斷變化而改變思維方式。創新與守舊之間只差了很小的一步，這一步就是我們是否能在環境發生變化時改變思路，走出一條新路。如果我們還是堅持以前的方法，那就很有可能像可憐的毛毛蟲一樣。

有一家生產牙膏的公司因為產品做得不錯，所以很受消費者歡迎。最開始的幾年，其銷售額一直穩定上升。不過

增長期過去後，牙膏的銷售陷入了停滯。公司高層對這樣的局面很不滿意，於是總裁出面召集所有的經理開會，商討對策。

會議上，一位年輕經理站出來，拿著一張紙對總裁說：「我在這張紙上寫了一個不錯的建議，不過如果您採納了我的建議，必須給我 10 萬元。」

總裁聽了很生氣地說：「公司每個月都給你薪水，而且還有不少額外獎勵，現在讓你想想辦法，你居然還要 10 萬元，不覺得過分嗎？」

這時年輕經理說：「您先別生氣，如果我的建議行不通，您完全可以丟了這張紙，一毛錢也不用給我。」

總裁聽他說得有道理，就點頭應允。然後拿過紙一看，看完之後他馬上開了一張 10 萬元的支票給年輕經理，還一直說「太值得了」。

而那張紙上只寫著這樣一句話：「將現有牙膏的開口擴大 1 公釐。」

會後，總裁馬上下令生產部門按照這條建議去做，結果第二年該公司牙膏的銷售額增長了 40%。

3·了解自己

我們對自己所處的環境與狀態一定要有清晰的認知，對自己的優點和缺點也要了解清楚，這是對固有經驗和思維進行科學分析，開闢新思路的重要前提。

鳥籠效應
—— 其實不需要那麼多

【心理學詞典】

　　鳥籠效應又被稱為「鳥籠邏輯」，發現者是心理學家詹姆斯（William James），具體內容是假如一個人買了一個鳥籠放在家裡，可是沒有養鳥，那麼過了一段時間後，原本不養鳥的他一定會買來一隻鳥放在鳥籠裡，而不會將鳥籠扔掉。也就是說，人其實是被鳥籠「異化」了，從而成了鳥籠的俘虜。

　　由此引申出這樣一條規律：人們在偶然獲得一件原本並不需要的物品之後，會繼續添置更多與之相關但並非必需的東西。

【心理學實驗】

　　1907 年，心理學家詹姆斯從哈佛大學退休，與他一起退休的還有他的好朋友 —— 物理學家卡爾森（Carlson）。詹姆斯為了印證自己的一個想法，就和卡爾森打賭說自己要不了多久就會讓他養一隻鳥，可是卡爾森明確表示不相信，因為他

從來就沒有養鳥的打算。

沒過幾天，卡爾森生日，詹姆斯送給他一個非常漂亮的鳥籠，卡爾森當然知道他的用意，就說：「我只會把它當成一件漂亮的工藝品，你就別費這心思了。」

不過，事情的發展完全超出了卡爾森的預期，從此以後，只要有朋友到家裡來拜訪卡爾森，都會問上一句：「教授，您養的鳥什麼時候不幸去世了？」卡爾森只好一次次地解釋說自己從來沒有養過鳥。然而，這個回答不但沒能讓來訪的朋友們信服，反而換來了困惑和不解，因為大家都會想：「你如果不養鳥，那幹麼放一個鳥籠在家裡，這不是很奇怪嗎？」

終於有一天，卡爾森忍受不了每次都要解釋的麻煩，就買了一隻鳥放在鳥籠裡。這是因為買一隻鳥比每次都要解釋為什麼會有一個空鳥籠簡單多了，詹姆斯的鳥籠效應就這樣奏效了。

【心理學與生活】 ●●●●●●●●●●●●●●●●●●●●●

心理學家認為，鳥籠效應會給人們造成一種心理壓力，比如，我們要頻繁地向別人解釋為什麼自己不養鳥但是卻擁有一個鳥籠。這樣的壓力最終會讓我們屈服，為了避免麻煩，我們會主動去買一隻鳥，與鳥籠配套。

與該效應類似的效應還有兩個，即空花瓶效應和配套效應。其中，空花瓶效應是說，男朋友送了女孩一束鮮花，女孩很高興，特意買了一個水晶花瓶來放花。結果從此以後為了不讓花瓶空著，男朋友必須每隔幾天就送一束花給她，這讓女孩覺得很幸福，認為花瓶真是買對了。

　　另一個配套效應也被稱為「狄德羅效應」。狄德羅（Denis Diderot）是法國著名的哲學家，有一次一位朋友送給他一件做工講究、精美華麗的睡袍，他非常喜歡，每天都穿。結果沒過幾天他就覺得家裡的地面非常粗糙，根本配不上他的新睡袍，於是第二天就換了張地毯。可沒過多久，他又覺得書櫃和睡袍、地毯完全不搭，於是又換了書櫃。就這樣，狄德羅陷入了無盡的煩惱之中，開始不停地換東西，這時候他才發現自己是被一件睡袍「綁架」了。

　　看到這裡，我們會發現這三個效應有一個共同點 —— 配套。配套就是人們對事物的慣性看法，比如，當一個人的家裡放了一只空菸灰缸時，別人就會認為這個人一定是抽菸的；當一個人家裡放了一個書架時，別人就會認為主人一定是喜歡讀書的，不喜歡讀書，放一個書架在家裡幹什麼呢？

　　這些都源自人們對事物形成的慣性認知，而當我們做出某些不符合人們慣性認知的事情時，就會受到周圍人的質疑，人們會覺得我們做的事不可理解。這樣一來，我們就

會產生強大的心理壓力，而這種壓力會讓我們想要擺脫壓力源，選擇從眾，也就是說我們會被迫選擇像大多數人習慣做的那樣去做，不抽菸的你會買煙來放在家裡，不看書的你會買書來放在書架上。

只有我們的行為符合人們的思維定式，符合大多數人的行為方式，才不會遭遇不理解和不信任，才不會被當作「異類」。所以從現實角度來說，鳥籠效應其實極大地限制了人們的想像力，也束縛了人們的創造力，很容易讓人們形成守舊、刻板的思維定式。

有的朋友會說自己對事物之間的連繫有著非常清醒的認知，比如，自己清楚明白到婚姻是否幸福和房子是沒有必然連繫的，可就算這樣，就能擺脫鳥籠效應的影響嗎？不太可能，因為你周圍的大部分人都深受鳥籠效應的影響，都覺得只有有了房子，婚姻才會幸福。這時候你就會變成「異類」，承受巨大的心理壓力，最後你不得不屈服。

在現實生活中，鳥籠效應對我們的影響是各方面的，而很多時候我們也會在心理上給自己製造一個大「鳥籠」，然後不斷地用無用物填滿這個「鳥籠」。

比如，我們在網路上買了一件好看的襯衫後，發現自己的褲子或裙子和襯衫並不搭，於是又去買了褲子或裙子。然後又覺得高跟鞋的顏色和襯衣也不是很搭，就又買了高跟

鞋。隨後又買了包包，甚至還會買飾品，總之最後我們會發現自己其實在無形之中多花了很多錢，而這些東西是自己原本並不需要的。

再比如，當我們結束一天的工作要離開辦公室時，卻發現還有很多同事在加班，這個時候我們就會不自覺地留下來，儘管工作已經做完了。之所以會這樣做，是因為在我們心裡已經給自己預設了一個「鳥籠」，認為加班代表著勤奮工作，如果不加班就說明自己不夠勤奮。所以，「沒有加班代表不勤奮」就是我們給自己預設的「鳥籠」。

那麼，我們該如何擺脫鳥籠效應帶來的負面影響呢？

首先，要經常對自己潛意識中的「鳥籠」進行檢視，具體方法如下。

(1) 認真記錄那些我們認為「理當如此、本來就應該這樣」的想法，然後仔細分析這種想法是什麼時候、在什麼樣的情況下產生的。

(2) 要理性思考這種思維是否有效，有事實依據嗎？

如果我們能做到上面說的這兩點，就會破除很多被強行植入的「鳥籠效應」。比如，我們要思考向自己灌輸「只有買了房子婚姻才會幸福」的人，是不是真的因為有了房子而變得幸福？如果沒有變得幸福，那他就沒有資格說這樣的話。再者，我們要想想自己看到的那些因為房子而導致感情破裂

的例子，是不是房地產商人為了賣房子而故意找人編出來的，這究竟是不是真實的？

其次，要明確他人製造的「鳥籠效應」背後的心理需求，分清人際界線。

當我們將自己身上的「鳥籠效應」破除之後，就要想辦法避免受到別人的影響。比如，父母有希望子女婚姻幸福的需求，也有擔心他們沒有房子而流落街頭的恐懼，所以他們才會把房子和子女的幸福連繫在一起。因此，當我們了解了父母的心理需求後就繞過「鳥籠」，透過其他方法向父母表示自己的幸福不需要透過房子來維繫。

任何一種心理效應都有兩面性，就看我們怎麼利用它，比如，某公司開發出來的大部分軟體都是免費的，但是我們要想獲得這些免費的軟體，就得花錢購買它的媒體播放器、平板電腦、手機。這就是先給你一個免費的「鳥籠」，再讓你花錢購買昂貴的「鳥」。

再比如，一些旅遊景點，一到節慶假日的時候就會推出免門票活動，目的就是吸引更多的遊客前來消費。而所謂的免門票活動就是「鳥籠」，遊客在景點裡的其他消費，如就餐、住宿、交通、獨立景點的費用等，就是不免費的「鳥」了。

商家之所以能夠成功利用鳥籠效應賺錢，主要是人類普

遍存在占便宜的心理，看到免費的東西當然想嘗試一下。可是一旦嘗試了，想放下就難了，比如，當我們習慣了某公司開發的軟體之後，那不買該公司產品所產生的那種煎熬會遠遠大於購買其產品所付出的成本。同樣地，當我們被風景區免門票活動吸引來到風景區後，卻發現雖然不要門票，但風景區裡吃的、用的、住的都很貴，這時候你會直接掉頭回家嗎？不會的，因為掉頭回家這一決定是你不願意接受的，但掉頭回家所付出的成本要遠遠低於我們在風景區裡所花費的金錢成本。

投射效應
── 不是所有的人都和你一樣

【心理學詞典】

投射效應具體是指一種將自己的特點投射到他人身上的傾向。這是一種在認識和對他人形成固定的印象後，會覺得別人也和自己一樣具有相似特性的現象。這時候，我們會將自己的特性、感情、意志投射到他人身上，並且還會強加於人。這其實就是一種推己及人的認知障礙，比如，一個狹隘的人會覺得別人也是狹隘的，一個善良的人會覺得別人也是善良的。

所以，我們並不會按照被觀察者的真實情況來處世。當我們與自己的觀察對象非常相像時，判斷就會很準，但這並不是因為我們的觀察準確，而是因為我們與觀察者是相似的。可見，投射效應是一種嚴重的認知心理偏差。

【心理學實驗】

某位心理學家做過一個關於投射效應的實驗：

他問參加實驗的八十名學生有誰願意背著一塊大牌子在

學校裡來回走動，結果有四十八名學生表示願意，而且他們還認為大部分學生都是願意背的。而那些不願意背牌子的學生則普遍認為一定只有很少的學生願意背牌子，由此可見他們都將自己的態度投射到了別的學生身上。

【心理學與生活】

投射效應從我們兒童時期就有了，處在自我中心時期的孩子會覺得別人和自己的感覺是一樣的，這就是同化投射。同化投射有可能產生於意識層，也有可能產生於潛意識層，而類似的同化投射現象在成人中也會經常發生。它是同理心和同情心的反面，是指人們不從他人的角度，而是從自身的角度去認識並且推測他人，認為他人與自己有相同的感覺。

此外，投射效應還反映出最真實的人性，我們每個人的心裡都認為自己的想法永遠是對的，對於任何與自己的想法與理念相悖的人和事，我們都會認為是錯的，甚至會對其進行毫不留情地嘲諷和攻擊，會不惜一切代價去證明別人的錯誤，以維護自己的正確性。

通常來說，投射效應有以下幾種表現。

1・願望投射

簡單來說，就是將自己的主觀願望強加給對方的投射現象，比如，一位男士自我感覺良好，他希望並且相信他剛認識的女性朋友一定會對他做出積極的評價。這樣他就會把對方對他做出的一些客觀的或者一般性的評價理解成讚賞，甚至會把對方的客氣話當成真話。

2・相同投射

我們在和陌生人交往時，因為彼此之間並不了解，所以很容易發生相同投射，這時我們就會不自覺地從自身的立場出發對對方做出判斷。比如，當自己感到冷時，會覺得別人也冷，所以就會馬上把冷氣空調的溫度調高或者把電暖器開啟。下面這個故事講的也是關於相同投射的。

一家出版社召開選題會時出現了這樣一種有趣的現象：甲編輯最近在研究秦朝的歷史，覺得很有趣，於是就報了一個《有趣的秦朝史》的選題；乙編輯最近對投資理財特別感興趣，所以就報了一個《投資理財小妙招》的選題；丙編輯的兒子正在上幼稚園，對孩子的教育問題非常關心，所以就報了一個《學齡前兒童的教育》的選題。

3・情感投射

　　通常人們對自己喜歡的人會越看越喜歡，越看越覺得對方優點多。相反，對那些自己不喜歡的人，則會越看越討厭。於是，我們對自己喜歡的人就會過度地讚揚，甚至是吹捧，而對自己不喜歡的人則會嚴厲地指責甚至肆意地誹謗。這樣的投射會讓我們失去人際溝通中認知的客觀性，從而很容易導致主觀臆斷，並且讓我們陷入偏見中。這種現象在愛情生活中的表現是最為明顯的，所謂的「情人眼裡出西施」說的就是這種現象。

　　此外，投射效應在愛情中還有以下這樣一些表現。

　　覺得自己喜歡的，戀人就一定會喜歡。可事實上並不是，生活中不存在有著完全相同喜好的兩個人。或許你喜歡的事情對方會覺得很無聊，所以時間長了，不是讓對方變成另一個你，就是以分手告終。

　　認為自己所做的一切都是為了戀人好。但你認為是好的事情，對方並不一定覺得好，而且他會覺得你在干涉他的生活，甚至是不尊重他。

　　在現實生活中，投射效應通常會在下面兩種情況下發生。

　　第一種情況是，當我們遇到一個各方面都和自己相同或相似的人時，如年齡、性別、職業、社會地位等。這時候我

們就會將對方歸入自己所在的群體，而在認識與評價對方的時候就會想當然地將自己的特性投射到對方身上。重要的是，我們還會習慣性地與之進行比較，但是我們又不喜歡在比較中落敗。這時候投射效應就會發生作用，我們將自己的特點投射到對方身上，那麼對方就變成和我們一樣的人，這個時候也就無所謂誰強誰弱了。

第二種情況是，當我們發現自己身上有一些不好的特質或不被社會認可的需求時，為了尋求心理上的平衡，我們就會將這些自己無法接受的東西投射到別人身上，覺得別人也有這樣的特徵或觀念。比如，我們覺得自己不夠守時，這時候我們就會想「他們也比我好不到哪裡去，參加活動還不是經常遲到」。再比如，「五十步笑百步」的故事，自己因為當了逃兵而羞愧，心裡不舒服，突然發現有人比自己跑得更遠，就會嘲笑對方，透過這樣的方法來緩解心中的不安。

那麼，我們該如何客觀地看待投射效應呢？

要意識到投射效應在某些情況下是可以幫到我們的，比如，我們可以根據一個人對別人的看法推測出他的心理特徵或真實意圖，而且由於人們之間確實存在一定的共性及相同的慾望和需求，所以在很多情況下投射效應能幫助我們準確地對別人做出判斷。大量事實證明，如果能好好利用投射效應，就能取得不錯的結果。

芭比娃娃剛在日本市場被推出時銷量並不好，後來玩具公司做了調查，結果發現在日本洋娃娃代表著女孩長大後所希望擁有的形象，而當時在日本銷售的芭比娃娃胸太大、腿也太長，而且還是藍眼睛，這一點也不像日本的少女，所以大家不喜歡買。這時玩具公司才意識到犯了錯誤，原本他們以為在美國賣得很好的芭比娃娃也一定會在日本受到歡迎，可誰知道事實並不是這樣。

意識到這個錯誤後，他們馬上根據日本少女的形象對在日本出售的芭比娃娃重新進行了設計，把胸部和腿的比例都進行了修正，還把藍眼睛換成了咖啡色的，結果兩年的時間內賣出了將近 200 萬件芭比娃娃。

不過，人們雖然具有共性，但又有著不同的個性，如果我們忽視了個性，在與人交往的過程中總是以己度人，那就沒辦法真正地了解別人，也沒辦法真正地了解自己。這樣一來，我們所做的決定就會出錯，並帶來很多不必要的麻煩，這就是投射效應帶給我們的負面影響。

我們該如何避免這種負面影響呢？

(1) 如果你無法做到不討厭某個人，那最好少和他見面，正所謂「眼不見心不煩」。

(2) 要積極干預自己的情緒。當我們察覺到自己討厭一個人時，一定要提前干預自己的情緒，讓自己減少惡意和扭曲的想法，及時進行改正。

(3) 要尊重每一個人的差異。尊重他們的個性，不要將自己的想法強加到他人身上，要積極地進行溝通，不要只憑主觀想法就做出判斷。

(4) 對於他人對自己做出的評價，不要太在意。因為有些看法可能只是來自他自己的主觀感受，他覺得我們就是那樣的，而我們並不是。

(5) 當你覺得周圍的人充滿敵意時，請不要慌張。因為這有可能只是你的主觀感受，並不是真實的，要學會全面客觀地看待他人。

月暈效應
—— 以偏概全很容易

【心理學詞典】

　　月暈效應又被稱為「光環效應」，是美國心理學家愛德華‧桑代克（Edward Lee Thorndike）在 1920 年代提出的，是指我們對一個人的某種特徵形成壞的或好的印象後，我們就會據此去推論這個人其他方面的特徵。

　　通俗地說，就是一個物品的某種特性或一個人的某種特質給人留下了非常深刻的印象，在這種印象的影響下，人們對這件物品的其他特性或這個人的其他特質都會做出與之對應的積極或消極的評價。

　　此外，它之所以被稱為「月暈效應」、「光環效應」，是因為它作為一種會對人際知覺造成影響的因素，就像月暈的光環一樣向周圍擴散、瀰漫。

【心理學實驗】

心理學家戴恩做過這樣一個實驗：

他讓實驗對象看了一組照片，這些照片裡有看起來很有魅力的人，也有沒有魅力的人，有的則是處於中間水準，然後讓實驗對象對這些照片上的人進行與魅力無關的評價。結果表明，那些看起來很有魅力的人要比沒有魅力的人所得到的正面評價更多，而且他們被賦予了更多的積極特徵，如沉著、和藹、容易接近。

此外，美國心理學家凱利在麻省理工學院，曾對兩個班的學生分別做了這樣一個實驗：

在上課之前，實驗組織者對學生們宣布他臨時請了一位研究生來代課，接著就向學生介紹這位研究生的一些情況。其中，向甲班學生介紹時，他說這位研究生擁有果斷、熱情、務實、勤奮等個性特徵；而在向乙班學生介紹時，他除了將「熱情」換成「冷漠」外，其餘個性特徵都一樣。

結果，研究生分別給這兩個班的學生講過課後，甲班的學生和研究生就像朋友一樣在熱烈地交談，而乙班的學生則對其避而遠之，非常冷淡。

由此可見，當我們對一個人有了最初的印象後，就會影響我們對他的整體判斷。

【心理學與生活】

月暈效應之所以會形成，主要有兩個方面的原因。

一是人的性格特徵存在內在連繫。人的某些特質之間是有一定內在連繫的，比如，冷漠的人通常都比較古板、孤獨，不容易相處；而熱情的人通常對人比較友好，願意幫助別人、幽默，比較容易相處。

這樣一來，我們與某人接觸時只要抓住了「熱情」或「冷漠」這樣一個核心特徵，就能自然地聯想到其他特徵。此外，從人的性格特徵角度來說，各種性格特徵在每個人身上都是相互連繫、相互制約的，比如，一個欺軟怕硬、自私自利的人在其他方面則會表現出心口不一、陰險虛偽的特徵；而一個不畏強權、正直勇敢的人通常會表現得襟懷坦蕩、敢作敢為，而且看上去也會讓人覺得自然親切、端莊大方。需要說明的是，我們的性格特徵還會透過舉止行為反映出來，這樣一來我們就可以透過外表去察覺內心，同時又可以從內在的性格特徵泛化到對外表的一些評價上，這樣月暈效應就產生了。

二是與人類的一個重要知覺性特徵 —— 整體性有關。我們在理解客觀事物時，並不是對客觀事物的一部分或個別屬性進行認識，總是傾向於將具有不同屬性、不同部分的對象看成一個整體，這主要是因為知覺對象的各個部分或者各種屬性是有機地連繫在一起。比如，我們閉著眼睛，只要能聞到香蕉

的氣味或摸到香蕉的形狀，頭腦中就會形成有關香蕉的完整印象，因為過往的經驗幫我們補全了香蕉的其他特徵。由於知覺整體性所發揮的作用，我們對一個客觀事物才能做到了解一點，就能基本掌握面貌，不用逐一認識其每一種屬性。

月暈效應在我們的日常生活中有著各式各樣的表現，我們經常看到的明星拍廣告，就是企業對月暈效應的成功利用。因為我們對明星有著不錯的印象，認為他們是成功的，所以就會覺得與他們有關的一切都是好的。這樣一來，我們當然會覺得他們代言的產品也是好的，因此這些產品通常會賣得不錯。這也是為什麼那麼多企業即使花高價也要請明星做廣告的原因。

再比如，一位作家沒有名氣之前寫的小說根本沒人看，可是成名之後已經累積的那些書根本就不怕賣不出去，這也是月暈效應在發揮作用。

在戀愛中，月暈效應也會發生作用，我們剛開始喜歡一個人時，其實只是喜歡上對方表現出的一個優點，或許是溫柔，或許是大度，或許就是帥、美。經過月暈效應的作用，我們會覺得對方身上都是優點，根本沒有缺點。

俄國大文豪普希金（Alexander Pushkin）瘋狂地愛上「莫斯科第一美人」娜塔麗婭（Natalia Pushkina），還和她結了婚。不過娜塔麗婭雖然長得漂亮，但是和普希金志趣不和。每當普希金想要讀詩給她聽時，她就會馬上捂住耳朵，表示

不想聽。她還總是要求普希金和她一起去參加各種娛樂活動，而且她生性喜歡奢華，搞得普希金不僅沒有時間從事文學創作，還欠了很多債，娜塔麗婭居然還背叛了他，害得他與人決鬥，最後因此喪命。

在日常工作中，如果管理者覺得某位員工在某個方面做得很好，就會很自然地認為他在別的方面也會做得很好，從而將很多重要的任務都交給他。結果那個人在別的方面能力卻很一般，沒辦法做好那些工作。在這裡，管理者就犯了以偏概全的錯誤。

以偏概全就是月暈效應帶給我們的最大負面影響，具體表現在以下幾個方面。

1・瀰散性

在生活中，我們對一個人的態度還會連帶影響我們對與這個人相關事物的看法。《韓非子》中講了這樣一個故事：

春秋時，衛靈公寵愛臣子彌子瑕。有一次，彌子瑕的母親生病了，他知道後就連夜偷偷駕著衛靈公的馬車回家，而這樣的行為在當時是犯法的，犯法之人的腳要因此被砍掉。可是衛靈公不但沒當回事，反而誇獎他是個孝順的孩子。還有一次，彌子瑕吃了一個桃子，覺得很甜，就把自己咬過的桃子拿給衛靈公吃，按理說這是大不敬的行為，結果衛靈公又沒當回事，還說他是真正愛自己。

後來彌子瑕不被寵愛了，這時候衛靈公的態度就變了。並開始質疑他的品性，就連之前誇讚過他的兩件事，也被衛靈公說成了罪行。

2・遮掩性

有時候我們抓住了事物的個別特徵，但它無法反映事物的本質，可是我們仍然習慣性地由部分推及整體，由個體推及一般，這樣一定會錯誤地推論出其他特徵。如果我們隨便抓住某人的某一個好或壞的特徵，就下結論說這個人是完美的或是一無是處，就會犯以偏概全的錯誤。現實生活中因為對一個人印象不好而忽視其優點的事例不勝枚舉。

3・表面性

月暈效應通常產生於自己對某個人的了解還不夠深入，也就是說還處於感覺、知覺的階段時，很容易受到感覺和知覺的表面性、區域性帶來的影響，從而讓我們對某人的認識僅僅停留在一些表面特徵上。而且有些個性、品格或外貌特徵之間並不存在內在連繫，可是我們很容易把它們連繫在一起，而且主觀臆斷，既然有這種特徵，那就一定有另外一種特徵；也會出現外在形式掩蓋內在本質的情況，比如，看到一個相貌堂堂的人，就覺得他一定是個正直的好人。

那麼，該如何克服月暈效應帶給我們的負面影響呢？

1‧要避免循環證實

有關心理研究證明，我們對一個人的偏見經常會被「自動證實」。比如，我們懷疑某個人，時間一長，對方自然就會感受到我們的懷疑，於是他必然會遠離我們並且產生戒心。對方內心這種情緒的流露又會對我們造成影響，我們便會覺得自己當初的看法是正確的。就這樣循環證實下去，一定會陷入偏見的漩渦。所以，當我們對某個人產生不好的看法時，應該先理智地檢討一下自己的態度和行為，看看自己是不是受到了月暈效應的影響，自覺走出月暈效應的迷宮。

2‧注意「投射傾向」

我們將自己的某些心理特徵強加給別人的現象，叫做「投射傾向」。簡單來說，就是如果你是個善良的人，就會以為對方也是個善良的人。人際交往中的「投射傾向」表明，我們對他人的看法包含著自己的東西，在反映別人的時候也是在反映自己，而這種反映通常又是不自覺的。所以如果我們對自己的「投射傾向」不加以注意，不能經常進行清醒的、理智的自我反思，那就有可能會產生月暈效應，從而形成各種偏見。

3‧注意「第一印象」的影響

由於第一印象具有先入為主的特點，所以通常比較深刻。如果一個人給你留下的第一印象比較好，那就會為以後

的交往打下良好的基礎，從這點來說注意給人留下良好的第一印象是非常有必要的。可是第一次接觸時，我們所能了解的資訊是非常片面的，而且比較表面化，還帶有一定的虛假性。問題的嚴重性往往在於，先了解的資訊總是影響著對後面獲得資訊的解釋方式，因此第一印象一旦形成，後面所得到的資訊就只能扮演補充和解釋的角色，這就為月暈效應的產生提供了溫床。所以，要客觀、冷靜地看待第一印象，思想上做好改造，甚至是否定第一印象的準備。

4・要堅決避免「以貌取人」

一項心理實驗顯示，當人們被要求在一堆不認識的人照片中分別找出「好人」與「罪犯」時，總會受到月暈效應的影響，也就是會表現出按照外貌分類的傾向。

蘇聯心理學家包達列夫對七十二個人做過這樣一項調查，以求弄清楚人們對人的外貌是如何理解的。其中，有九個人認為，方方正正的下巴是意志堅強的象徵，而有智慧的人通常都有寬大的前額；有三個人認為粗硬的頭髮表示倔強的性格；還有十四個人認為胖表示心地善良等等。

儘管這些生理特徵大多是天生的，但是有人認為能從中看出一個人的性格特徵。這樣的「由表及裡」的推斷含有很大的偏見。我們在認識他人時，只有不滿足於表面現象，注重了解對方的行為、心理等深層結構，才能避免「以貌取人」。

5‧要注意「刻板印象」的影響

刻板印象是類化作用，就是按照預想的類型將人分類，然後再給他們貼上標籤。比如，提起「教授」時就想到「學養深厚」，說到「商人」時總是會認為他們「唯利是圖」。刻板印象的形成源自對某一類人普遍特徵的歸納，然而這只是一種簡單的認知而已，雖然這有利於我們對某一類人進行概括的了解，但也很容易發生偏差。所以，刻板印象與月暈效應之間有密切的關係，它是導致認知失真的一個「失誤」。因此，我們要想對他人有一個深刻、確切的認識，那就一定不能忘記人的豐富多樣性，並且要不斷地對大腦中因刻板印象而造成的假象進行修正。

迴力鏢效應
—— 想像和現實總會差很多

【心理學詞典】

在社會心理學中，心理學家將行為反應的結果與預期目標完全相反的現象稱為「飛去來器效應」，它的另一個名稱是「迴力鏢效應」。為什麼會有這樣一個名稱呢？因為飛去來器是澳洲的原住民使用的一種飛鏢武器，他們使用它時會將其朝一個方向扔出去，但是它卻飛向了相反的方向，然後又沿著不同的路線回到他們手裡。

該效應是一位蘇聯心理學家納季控什維制首先提出的，有時人們也會透過該效應說明情緒逆反的心理現象。

【心理學故事】

一位法國人寫過這樣一則關於風的故事：

有一天北風和南風要比試一下誰能把路上的行人身上的大衣給吹掉，北風為了贏，就使出了全身的力氣去吹，一時間行人為了抵抗寒冷，把身上的大衣裹得更緊了。結果雖然

北風累得氣喘吁吁，但還是沒能把行人的大衣給吹掉。

接下來輪到南風了，它輕輕地吹著，很快天開始變暖，路上的行人覺得熱了，就都解開鈕扣，脫掉了大衣。就這樣南風贏得了比賽。

【心理學與生活】

心理學家認為，產生「迴力鏢效應」的根本原因在於我們考慮問題過於簡單化、片面化。之所以會出現這樣的結果有各方面的原因，有的是因為人們做事時將全部注意力都放在了想要達到的目標上，從而忽略方法、手段的選擇，結果導致方法、手段與目標完全不匹配，有的甚至是衝突的。這樣一來，就會引發一系列我們沒有辦法控制的反應，最終導致嚴重偏離目標，結果對我們造成不良影響。所以目標與手段必須相配。

此外，我們還不能忽視情緒逆反現象的影響。比如，當我們與一個人聊天時，如果對對方所說的話無法認同，那麼心裡就會厭煩，這時對方說得越多我們就越煩。而對方原本是想說服我們的，他覺得說得越多就越有可能說服我們，但最終的結果是我們越來越煩他，根本就不想聽他說下去。所以他得到了一個完全相反的效果，而且很有可能從此造成我們對他的不好印象，他以後要做很多努力，才有可能改變我

們的這種印象。

在日常生活中，迴力鏢效應隨處可見。一對夫妻發生了激烈的爭吵，這時如果有一方想向另一方解釋，那不但不會有好的效果，情況還會比原來更糟糕。因為另一方會很自然地認為對方做出解釋是別有用心，並不是在陳述事實，所以越解釋他就越不愛聽，越解釋就越生氣，這時候最明智的做法是沉默，讓彼此都冷靜一下。

老師在教學過程中也很容易遭遇迴力鏢效應的消極影響，比如，有的老師講課總是拖堂，因為他很認真，每次準備得都非常充分，想要多教給學生一些知識，可學生覺得他占用了自己的課餘時間。於是他越是拖堂，學生就越是不認真聽講，甚至還有人故意搗亂。還有的老師為了不讓學生早戀，就採取了比較過激的措施，結果學生早戀的情況反而越來越嚴重了，學生像是故意與老師對抗一樣。

所以，我們在與人溝通和合作的過程中一定要特別注意方式、方法，不該說的話堅決不要說，不該做的事堅決不要做，避免適得其反。對於逆反情緒較為嚴重的未成年人，與他們溝通時應該盡量避免催生其反抗心理，如果發現什麼問題，最好採取溫和的手段疏導、化解。

蔡加尼克效應
—— 沒做完的事情印象更深

【心理學詞典】

蔡加尼克效應具體是指那些還沒有處理完的事情要比已經處理完的事情給人留下更為深刻的印象。該效應是由心理學家蔡加尼克（Bluma Zeigarnik）透過實驗總結出來的結論。

【心理學實驗】

1920 年代，德國心理學家蔡加尼克做了這樣一個關於記憶的實驗：

受試人員被要求去做二十二項簡單的工作，比如，寫下一首自己喜歡的詩歌，把一些形狀和顏色都不同的珠子按照一定的方式，用線給串起來等等。

完成每一項工作所需要的時間大體上是相同的，通常都需要幾分鐘。此外，在這二十二項工作中只有一半工作是允許做完的，另外一半工作都是沒有做完就因遭到阻止而被中斷，而且允許做完和不允許做完的工作順序是隨機出現的。

　　隨後，研究人員讓受試人員馬上對所做的二十二工作進行回憶，結果他們對那些沒有完成的工作平均可回憶起68%，而已經完成的工作則是45%。也就是說，人們對未完成工作的記憶要比已完成工作的更加深刻。

【心理學與生活】

　　蔡加尼克效應在生活中的很多方面都有展現。

　　首先是生活瑣事。比如，很多人都會追劇，因為那些精彩的電視劇每一集都會給我們留下一個懸念，讓我們迫不及待地想要看下一集，直到看完為止，因此，很多人都因為追劇而熬過夜。那電視劇為什麼要設定懸念呢？就是為了讓觀眾對劇情留下深刻的印象，讓故事總是保持著一種未完待續的狀態，用這種方法來提高觀眾繼續觀劇的渴望和收視率。

　　熬夜看小說和熬夜追劇其實是一個道理，都是受到了蔡加尼克效應的影響。類似的情況還有很多，比如信寫到一半，筆突然沒水了，這時候我們一定會找一支相同顏色的筆，繼續把信寫完；畫了一個半圓之後，心裡一定會一直想著它，直到畫上了剩下的缺口，把這個圓畫完為止；一項工作做了一半之後因為其他事中斷了，我們也會一直想著它，什麼時候把它做完了，才不會繼續想這項工作；當我們觀看一場激烈的籃球比賽時，突然停電了，那比賽的結果一定會

折磨著我們，直到我們知道結果為止等等。

其次是愛情。為什麼人們總是對初戀念念不忘，就是因為它在大多數人心目中是一件沒有完成的事情。我們在初戀時會希望與對方長久地待在一起，但是出於各種原因，很少有人能真的和初戀結婚，這就變成了一件沒有完成的事情，而正是因為我們沒有成功完成這件事情，初戀才讓我們印象深刻，讓我們一生都難以忘懷。

此外，蔡加尼克效應在行銷方面也有所應用。比如，一個人去排隊買一件東西，好不容易輪到他了，東西賣沒了，這時候他就會被這件沒能買到的東西折磨，心裡會一直想著它，直到有一天買到它，心裡才舒服。所以，在現實生活中很多商家都會利用顧客的這種心理搞「飢餓行銷」，或在銷售商品時故意設定很多「懸念」，刺激顧客去購買，因為只有完成購買，人們才能不被這件沒有完成的事折磨。

看到這裡，我們不禁要問一個問題：蔡加尼克效應為什麼會發生呢？簡單來說，因為我們每個人都有一種未完成情結，這種情結會讓我們對「未竟之事」感到不甘、懊悔和遺憾，而這種情結又與我們對「完整」的執念有著密切的關係。

研究發現，當我們面對一個有小缺口的圖形時，就會本能地想去補全它，使它成為一個完整的圖形，這是人們在很小的時候就表現出來的一種本能。可以說，我們在追求每件

事時的狀態都近乎偏執，而那些沒有結果的事將會伴隨著沒有滿足的需求或願望而被我們帶入以後的人生中。

心理學家認為，每個人都具有一種認知閉合需求，簡單來說，個體在面對自己不確定的情境時，總是希望能給問題找到一個明確的答案，因為與不確定和混亂相比，任何一個明確的答案都會讓人們感到認知上的舒適。所以，那些我們曾經非常看重卻一直沒有完成的事會一直折磨著我們，讓我們感受到認知上的不舒適。

面對這種折磨，有的人會否認，不承認自己有過渴望；有的人會遺忘，忘記自己渴望過什麼。但是更多的人會下意識地建構類似的場景，尋找類似的人，想要透過這些途徑完成此前沒有完成的事。

在我們這種有意識或無意識的重建與復刻的過程中，我們會產生兩種常見的行為，即補償和發洩。

補償可以是對自己的，也可以是對別人的。比如，一個人小時候家裡條件不好，很多想要的東西都得不到，長大後就努力地追求物質享受，透過奢侈的生活來進行自我補償。再比如，一個人與初戀的感情無疾而終，就想找一個與對方相似的人在一起，並且想要獲得一個美好的結局，這也是對自己的補償。

對別人的補償行為也是很常見的，比如，一個人之前沒

有能力給伴侶更好的生活，使其跟著自己吃了很多苦，後來因為某些原因兩個人又分手了，結果這個人非常懊悔和愧疚。之後他就會將這種懊悔和愧疚轉移到後來的伴侶身上，對其特別好，想要把所有好的東西都送上，這就是對他人的補償。

發洩則是更多地表現在情緒方面，是將想要表達卻沒能表達的情緒發洩到別的地方或別的人身上。比如，一個人小時候曾經多次遭受不公平對待，就算他無數次幻想過要表達憤怒，保護自己的情形，但最終只是敢怒不敢言。所以他在隨後的人際交往中就會表現得非常容易生氣，而且還經常將憤怒發洩到別人身上。

需要指出的是，補償與發洩往往是同時發生的，而且它們通常能夠在某種程度上減輕未完成之事對我們的折磨。不過，如果一個人一直逃避或忽視最初沒有完成的那件事，只是去完成一些類似的、自己復刻出來的事，其實是沒有辦法獲得真正的「完整」的。因為這種行為模式最為顯著的特點就是重複，也就是說人們會反覆地將自己置於相似的關係或情境中，而在這種無意識的重複中，我們所遭受的痛苦只會得到短暫的緩解，卻很難真正消失。

在這個不斷重複的過程中，我們還會做出一些沒有意義的努力，甚至可能會因此錯失那些更為重要的、珍貴的人和

事。沒有完成的事對我們的最大影響就是將我們的選擇限制住，很多時候我們以為自己是在自由地做出選擇，其實是被過去的心結控制了。

　　一個人因為沒辦法接受無法和初戀走到一起的結果，所以在以後的人生中就會選擇一位與初戀相似的對象。可實際上他已經不再喜歡像初戀那樣的人，也不再適合當初那樣的關係了。可是他因為被「完整」的執念所綁架，從而偏執地認為自己仍然喜歡那樣的人，而且還會在遇到讓自己心動的人時，被「他們一點都不像」這樣的想法所干擾，從而忽視自己的真心。因此，如果我們一味地執著於過去未完成的事情，就會在當下和未來留下更多的遺憾。

　　執著於「未完成之事」的人還會有意或無意地將自己沒有完成的事強加給自己的孩子，比如，由於自己沒有考上理想大學，就一定要讓孩子考上才行等等。由於這些事件往往伴隨著憤怒、懊悔、負罪感等負面情緒，所以這些事在向孩子傳遞的過程中往往會給他們帶來創傷。

　　上面所說的只是蔡加尼克效應對我們的生活產生的常規影響，除此之外，它還會讓人們走入兩個極端：一是過分強迫自己，不管做什麼事都得一口氣完成，如果做不完就死抓著不放手，甚至完全不理會別的人和事；二是做任何事都喜歡拖延，經常出現半途而廢的情況，很難把一件事完成後再

去做另外一件事，而且永遠沒有辦法徹底完成一件事。

　　這兩種極端情況都會對我們產生消極影響，我們都需要在心理上對其進行調整。一個人之所以做事經常半途而廢，無法完整地做成一件事，是因為他害怕失敗和批評。對於這樣的人，心理學家給出了一個簡單的建議：如果一個人做一項工作時只能集中精神十分鐘，而這項工作卻需要一個小時才能做完，那麼只要一發現自己開始沒辦法集中精神，就要馬上停止工作，然後拿出三分鐘的時間運動或放鬆一下，隨後再開始另一個十分鐘集中精神的工作。如此循環下去，就一定能把工作高品質地完成。

　　而那些非要將每件事都完成的人的生活可能會沒有規律，而且會非常緊張，生活也缺乏樂趣。所以我們不妨試著讓自己放鬆下來，可以在空閒的時間做點自己喜歡的事，學習如何去享受人生。

　　其實，如果我們能好好地利用該效應，也能做一些對我們有利的事，比如，可以利用這個效應讓自己順利地忘記一些不想記住的事。在一段親密關係中，如果一對情侶發生爭吵後能夠互相原諒，或就某些事達成共識，那麼這次爭吵就會很快被忘掉，這也是很多幸福的情侶在回憶自己的感情經歷時，總是說「我們沒有吵過架」的原因。其實他們不是沒有吵過架，只是每次吵完架之後他們都很快和解了，所以才會

順利地忘記這次爭吵。因此，當我們與人產生矛盾時，一定要積極地尋求和解或想方設法解決問題，這樣我們才不會被這些不開心的事情困擾。

最後，我們來了解一下如何避免「沒有完成」的執念帶給我們消極的影響。

(1) 做事情時要善於運用自己的價值觀標準對事情進行判斷。如果發現一項工作並不值得去做，或做了一半後發現這項工作再做下去並沒有多大意義，那就要勇敢、果斷地將其放棄。

(2) 當我們發現沒有意義的重複並不能讓自己真正完成那些「沒有完成」的事時，也就是說無法從根本上解決遇到的問題，那我們就應該面對自己的願望，並且接受「這件事本身注定沒辦法完成」這個事實。我們必須承認缺憾是人生無法避免的一部分。

面對與承認的過程其實就是一次鄭重的道別，所以這時候我們可以做些有儀式感的事情，比如，一個人去當初與他人說好要一起去的地方，或帶上日記本到生活過的地方，將沒有完成的願望和日記本一起留在那個地方。

(1) 強化自己的意志力。可以先從一件小事開始對自己進行訓練，比如，一本書讀了一大半的時候，強迫自己停下來不要去看剩下的部分。想一下自己是不是在浪費時間

和精力，如果你的答案是「是」，那就要考慮要不要繼續讀下去。

(2) 編製一個時間表，將自己必須做的事情及要花費的時間寫下來。給每件事都規定一個最後完成的時間，這個期限應該定在對方要求辦妥的時間之前。比如，主管要求你將手頭的文案在下週五前交給他，那就在下週三做好。

(3) 從現在開始不管做任何事情，都不要想著「我還有時間」、「等等再做」，這會讓大腦產生一定的滯後性，會讓自己變得懶惰。所以，想到就要去做，做才是獲得成功的前提。

(4) 對於每一項工作，都不要盲目地去做。在開始做之前一定要先認真思考，對每一個步驟進行細化。

成敗效應
── 努力後會有完全不同的結果

【心理學詞典】 ●●●●●●●●●●●●●●●●●●●●●●●●●●●●

　　成敗效應是由教育心理學家格維爾茨在實驗中發現並提出的概念。其含義是我們在努力之後結果成功或失敗所帶來的心境變化會影響自我認知，從而產生成就感或自卑感。

【心理學實驗】 ●●●●●●●●●●●●●●●●●●●●●●●●●●●●

　　教育心理學家格維爾茨做過這樣一個實驗：

　　他準備了一些難度不等的問題，讓參加實驗的學生自由選擇並解答這些問題，結果他發現那些能力比較強的學生在解答了一個問題後，就不願意再解答與之具有相同難度的問題，而是會去挑戰具有更高難度的問題，藉以探索新的解答方法。如果他們透過努力，克服困難並獲得成功，這時他們的內心是滿足的，並且會非常愉快。這就是努力之後產生的成功效應。

　　而那些學習成績、能力等方面稍微差一些的學生，如果

付出了艱辛的努力後仍然沒能成功，失敗了多次之後，他們通常都會灰心失望，甚至會完全失去學習的興趣。這就是努力之後產生的失敗效應。

【心理學與生活】 ●●●●●●●●●●●●●●●●●●●●●●●●●

成敗效應帶給我們最重要的一點思考就是：遭遇挫折時我們該如何面對？我們來看看古今中外那些傑出的人在遭遇挫折或困難時是怎樣做的。

天文學家克卜勒（Johannes Kepler）一生都非常坎坷。他是個早產兒，在媽媽肚子裡只待了七個月就出生了。後來一場天花又讓他長了一臉的麻子，沒多久他的眼睛又因為傳染病而出現問題。可他仍然非常努力地讀書，學習成績要比同伴好很多。後來家裡條件變得非常困難，沒辦法再供他讀書，可他還是堅持自學。

在以後的人生中，他又經歷了很多常人無法承受的挫折，比如，多病，尊敬的老師和愛妻相繼去世。可是他仍然沒有放棄對天文學的喜愛和研究，最終發現了天體執行的三大定律。

宋代大文豪歐陽修的父親在他很小的時候就去世了，家裡條件非常差，沒有錢買紙和筆。母親就拿著蘆葦桿在沙地上寫字，教他識字。等他稍微大一點之後，家裡無書可讀的他就跑到藏書很多的人家裡去借書。有時候還會一邊讀一邊抄，夜以繼日地學習，正因為如此，他小時候寫的詩文就有

成年人的水準。

北宋名臣范仲淹和歐陽修的情況差不多。他也是幼年喪父，母親為生活所迫而改嫁。他年少時在家附近的一座寺廟裡讀書，經常從早上讀到第二天黎明，和尚們都起床了他才睡覺。那個時候他的生活非常艱苦，每天只喝粥，而且還要把一鍋粥冷卻後凝結再分成四塊，早上和晚上各吃兩塊，吃的時候只加一點韭菜末和鹽，別的什麼都沒有。

有時候他一天只能喝一頓粥，可是對於這樣的苦日子，他卻一點都沒覺得苦，仍然非常刻苦地學習。後來他考中進士做了官，做官之後他是真正做到了「為官一任，造福一方」。他為官正直，曾多次被貶，可是他一點兒都不消沉，仍然積極地為國為民做事。

貝多芬（Beethoven）這輩子也很坎坷，因為家裡窮，沒能讀大學，還得過傷寒和天花，後來又失去聽力，愛情上也很不順。可是他並沒有放棄自己，而是頑強地與命運抗爭，最終為我們留下了無數經典的音樂作品。

從上面這些先賢的經歷可以看出，他們在面對挫折或困難時選擇的是勇敢面對，然後透過艱苦的努力最終戰勝它們，從而使人生得到昇華，並獲得巨大的愉悅感和滿足感。

可是，並不是所有人在面對挫折時都會勇敢面對，透過努力去戰勝挫折，很多人在遭遇困難或挫折後會自暴自棄。

信陵君帶領五國聯軍打敗秦軍後，秦昭襄王非常忌憚他，於是派人帶著重金到魏國尋找信陵君的政敵，讓他們散

播信陵君要奪取魏國王位的謠言。與此同時，他還想盡辦法挑撥魏王和信陵君的關係，甚至還派人到魏國去假裝祝賀信陵君做了魏王。

結果魏王對信陵君的疑心越來越重，最終收走了他的兵權。於是信陵君就推脫說自己有病不去上朝，以此表達自己的不滿，而且每天沉迷於酒色之中，從此一蹶不振，四年後因酒色過度而患病去世。

隋煬帝也是一個無法正視挫折的人，第一次征高句麗失敗後，他就變得失眠、多夢。隨後楊玄感反叛和雁門之圍更是嚴重動搖了他的信心，從此以後他越來越消沉。最終他不願意正視現實，不願意聽到農民起義的消息，在中原地區到處都是農民起義軍的情況下，居然帶領精銳部隊逃到江都去，完全放棄了中原。

到江都後他更加墮落，每天花天酒地，一點都不關心外邊的形勢，在將近兩年的時間裡無所事事，導致局勢越來越糟糕，他最終被叛軍殺死。

每個人都會遭遇挫折，不同的人面對挫折時會有不同的做法。積極樂觀的人會正視挫折，與挫折進行搏鬥，經歷一番磨難後最終會苦盡甘來，獲得成功與幸福。消極悲觀的人會選擇逃避，或在一定程度上被挫折擊倒，從此遠離成功與幸福。所以，面對挫折時的態度決定了我們的人生是否能獲得成功、幸福。

近因效應
—— 最近發生的事記憶最深刻

【心理學詞典】

近因效應原本是指當人們對一系列資訊進行記憶時，對末尾部分的記憶效果明顯比中間部分的好很多。而且資訊前後所間隔的時間越長，近因效應就會越明顯，這是因為前面記憶的資訊會逐漸變得模糊，近期記憶的資訊在短時記憶中會變得更加清晰。由此引申出來的意義就是，人們對最近接觸到的資訊印象最為深刻。

此外，心理學家認為，在學習系列材料後進行回憶時，人們對該系列中最後幾個專案的回憶與識記相距時間是最短的。也就是說，我們最先記起來的就是最後的幾個專案，這是因為這幾個專案是從短時記憶中提取的。

【心理學實驗】

美國心理學家盧欽斯（A.Ladins）用自己編的兩段文字做了一個實驗，想對初始效應進行研究。

他所編寫的資料描寫了一位叫吉姆的男孩的生活片段，第一段文字將吉姆描寫成一名熱情、外向的人，比如，其中提到他和朋友一起上學，他會和店鋪裡的熟人說話，還會和新認識的女孩子打招呼。

第二段文字則將他描寫成一個內向且冷淡的人，比如，他放學後一個人回家，不會和熟人聊天，常走在馬路背陰的那一面，也從不和新認識的女孩子打招呼。

在實驗中，盧欽斯又將兩段文字組合在一起，然後找來四組測試對象，讓他們分別讀了不同組合的資料，具體的安排如下。

第一組，描寫吉姆熱情外向的文字先出現，描寫其冷淡內向的文字後出現。

第二組，描寫他冷淡內向的文字先出現，描寫他熱情外向的文字後出現。

第三組，只看到了描寫吉姆熱情外向的文字。

第四組，只看到了描寫吉姆冷淡內向的文字。

然後，盧欽斯問了這些測試對象一個共同的問題，那就是他們覺得吉姆是一個怎樣的人？結果顯示，第一組中有78% 的人認為吉姆是友好的，第二組中只有18% 的人認為吉姆是友好的，第三組中有95% 的人認為吉姆是友好的，第四組中只有3% 的人認為吉姆是友好的。這表現出資料呈現

的順序會對我們的認知產生影響，那些先呈現在我們眼前的資訊會比後呈現的資訊對我們發揮更大的影響。這就是初始效應。

不過，盧欽斯進一步研究後發現，如果在測試對象閱讀兩段文字材料中間插入一些別的活動，如做遊戲、看電視、講故事等。那麼，大部分測試對象都會根據做完活動以後所得到的資訊對吉姆進行判斷，這就表達後來獲得的資訊對他們的認知產生了較大影響，也就是近因效應。

【心理學與生活】 ● ● ● ● ● ● ● ● ● ● ● ● ● ● ● ●

心理學研究發現，近因效應通常不如初始效應那樣明顯和普遍。在我們對某事或某人的印象形成過程中，如果不斷有一些足夠讓人產生興趣的新資訊出現，或原來的印象已經淡化時，那最近獲得的資訊作用就會比較大，此時就會發生近因效應。一個人的個性特點也會對初始效應或近因效應的發生產生作用，比如，一位個性開朗、容易接受新事物的人就容易受到近因效應的影響；而一位心理保持高度一致，且心態非常穩定的人就不容易受到近因效應的影響，但他卻容易受到初始效應的影響。同樣，認知結構簡單的人更容易受到近因效應的影響，認知結構複雜的人則更容易受到初始效應的影響。

人與人在交往初期，也就是當兩個人彼此還不太了解，關係比較生疏的時候，初始效應產生的作用比較大；而當兩個人都互相了解，關係比較親密了之後，近因效應產生的作用就會比較大。所以，在交往中第一次和最後一次給人留下的印象都會在對方的腦海中存留很長時間。

　　近因效應在生活中的很多方面都有展現，比如，人們對於好多年沒有見面的朋友，腦海中印象最為深刻的，就是當初兩人分別時的情境。這一點常見於多年不見的老同學，他們重逢時聊得最多的一定是畢業那天的情況，因為他們對這件事印象最深刻。

　　再比如，一位朋友經常惹你生氣，但是如果問你具體的事情，你只會想起最近一次見面的時候他做過讓你生氣的事情。

　　近因效應還會對我們造成不小的負面影響。這是因為它會讓我們過分看重最近的資訊，並且會以此為依據對所遇到的問題做出判斷，從而忽略了以往資訊的參考價值，導致我們沒有辦法全面客觀地看待問題。

　　很多參加面試的人應該都遇到過這樣的情況：一個人參加面試，所有的流程都走完了，這時候面試官告訴他回去等候通知。可就當他要離開的時候，面試官卻又叫住他，對他說：「你已經回答了我提出的所有問題，可是我實在是沒有從你身上找到什麼亮點，你對此有什麼想說的嗎？」

　　面試官這麼問其實是對面試者的最後一個考驗，就是想要考驗一下面試者的心理素質及應變能力。所以，如果你回答得很精彩，那絕對可以加分，但是如果回答得不好，前面所做的一切努力可能都白費了，因為最後的印象有著決定性的作用。

　　再比如，一個人在公司裡一直表現得很好，很受上司的器重，結果最近一段時間他做錯了事，說了不該說的話，會給上司留下深刻的印象，於是之前辛辛苦苦建立起來的好形象毀於一旦。所以現實生活中經常出現多年的好友因為一句話、一件事傷了和氣，甚至絕交。因為在彼此熟悉的人之間，近因效應的作用更明顯。

　　朋友之間的負性近因效應通常產生於在交往中遇到與內心需求相違背的情況，想要做的事沒有做成，或覺得自己受到了莫大的委屈。一片真心被人誤解時，我們就會處於激動的狀態，我們對自身行為的控制能力及對周圍事物的理解能力都會出現不同程度的降低。也就是說，這時候我們會表現出脫離控制的傾向，很容易說出不該說的話，做出一些不該做的事，造成不好的後果。

　　那麼，我們該如何避免近因效應帶給我們的負面影響呢？

　　要想避免近因效應帶給我們的偏見，避免其破壞我們以往建立起來的良好形象，就必須努力培養睿智的思維，以及經過全面考察後再下結論的習慣。具體應做到以下幾點。

1・譴責批評之後一定不要忘了安慰

如果你是一個企業管理者，那麼在員工犯錯被你批評之後，一定要記得加上一句「或許我把話說重了，其實你之前做得還是很不錯的」。這樣做會讓被批評的員工有被勉勵的感覺，使其知道雖然他被批評了，但其實上司都是為了他好。相反，如果批評之後說一句「如果下次再犯，你就要小心了」，或用類似的話當作結束語，那一定會給員工留下一個非常不好的印象。

2・多注意之前的固有印象

有句話說「做十件好事抵不上做一件壞事」。現實生活中也是這樣，你做了十件好事，可能都沒有人記住，因為大家都已經習慣了你做好事，可是如果你做了一件壞事，那大家都會記憶深刻，從此你在大家心目中就變成了一個壞人。其實，世界上並沒有十全十美的人，我們不能因為一個人犯了一點小錯就急於否定他，更不能完全依據最近發生的事去評判一個人，而要綜合各方面的情況對其做全面考察、評判。

3・不要被一次好或壞的行為迷惑

不能因為對方做了一件好事就認為對方是好人，因為再壞的人也會做好事；也不能因為對方做了一件壞事或錯事而

認為他是個壞人，因為再好的人也會有失誤的時候。此外，如果一個人最近對你很好，那也不能就此判定他是個好人，說不定他對你另有所圖。

4・積極創造良好的「近因」，對自身形象進行改善

在與人交往的過程中，我們可以不憑藉「近因」對別人做出評判，卻不能阻止別人透過「近因」來評判我們。所以要謹言慎行，盡量避免說錯話、做錯事，言行與之前要始終保持一致。

5・要進行全面考察與評判

全面考察會讓我們更加清楚地認識周圍的人，而不是透過隻言片語或偶然的行為片面地認識他們。如果我們能將一個人最近的某些異常表現看作平常事，與之前的表現並沒有本質差別，那就可以擺脫近因效應帶給我們的負面影響。

角色效應
── 角色影響行為

【心理學詞典】 ●●●●●●●●●●●●●●●●●●●●●●●●●

　　人類社會對每一個角色都會提出相應的要求和期待，人的角色意識形成也正是以這種要求和期待為基礎建立的。在現實生活中，人們會以不同的社會角色參與社會活動，這種因為角色的不同而引起的行為或心理變化，就被稱為「角色效應」。

【心理學實驗】 ●●●●●●●●●●●●●●●●●●●●●●●●●

　　1971 年，史丹佛大學的社會心理學家津巴多（Philip Zimbardo）和學生在學校的地下室做了一場「犯人」實驗。

　　他們招募了一些學生做志工，讓其分別扮演看守和犯人，在一起體驗兩週的監獄生活，犯人和看守這兩種角色的選擇都是志工透過拋硬幣來決定的。

　　設定好角色後，實驗開始，被試者都很認真地扮演著自己的角色。其中，看守表現得越來越像監獄裡真正的看守，

開始對犯人加強管制，甚至是羞辱、脅迫及毆打。在這樣的情況下，犯人組織了一次反叛活動，雙方發生了非常激烈的肢體衝突。接下來，那些受到羞辱的犯人開始逐漸習慣不公平的處罰，有的犯人甚至覺得自己的大腦已經失常了。

於是，津巴多急忙叫停了這個實驗，因為他發現參加該實驗的這些年輕人越來越像自己所扮演的角色，而且其行為也失去了控制。

【心理學與生活】 ••••••••••••••••••••••

上面這個實驗反映出社會角色背後所蘊含的巨大力量。「角色」這個詞源自戲劇，美國的芝加哥學派將這個概念引入了社會心理學之中。

心理學家米德（George Herbert Mead）認為角色是在互動的過程中形成的，社會角色就是個體與其身分地位相一致的行為方式及相應的心理狀態。它能讓一位年輕人在很短的時間內變成「看守」或「犯人」，這足以證明扮演哪一種角色會在相當程度上影響人們的行為。

有一位心理學家對一對雙胞胎姐妹進行一段時間的觀察後發現，她們雖然長得很像，在一個家庭中生活，並且還在同一個班級學習，可是在性格上卻差別很大。姐姐非常開朗，還喜歡交朋友，對人熱情主動，處理問題非常果斷，而

且能夠獨立工作。妹妹則比較內向，不善於交際，遇到問題時缺乏主見，還容易依賴別人。

那是什麼原因讓這對姐妹存在如此巨大的性格差異呢？主要是因為她們所「扮演」的「角色」不一樣。原來，她們出生後爸媽就把先出生的那個認定是姐姐，後出生的那個就是妹妹，而且爸媽在家裡一直強調姐姐必須照顧好妹妹，要對妹妹的行為負責。與此同時，也要求妹妹必須聽姐姐的話，遇到什麼事必須和姐姐商量。

這樣一來，姐姐不僅要努力增強自己獨立處理問題的能力，還要扮演妹妹的保護人的角色，而妹妹則很自然地擔任了被保護者的角色。

無獨有偶，日本心理學家長島真夫等人為了研究角色對學生性格的影響，做了這樣一個實驗。

他們在一所學校的五年級挑選了一個班，這個班有四十七名學生，他們選了在該班中程度比較低的八名學生，讓他們做班級幹部，並在這些學生完成任務的過程中給予適當的指導。一個學期後，研究人員對這八名學生進行測試，結果發現他們在班級中的程度明顯提高。

在第二學期選班級幹部時，這八名學生中有六名又被選為班級幹部。此外，研究人員還觀察到，這六名新班級幹部的性格、自尊心、責任感、開朗程度等特徵都有明顯變化。而且從全班的統計來看，原來那些很少參加班級活動的、比較孤僻的學生比例降低了很多，整個班級的風氣都有所改善。

由此可見，角色是性格形成的關鍵因素。每一個人多少都會受到角色的影響，而這種影響主要是社會對這個角色的要求。如果一個人扮演的是「老師」的角色，就會受到「為人師表」等角色要求的影響；如果扮演的是「領導者」，就會受到「威嚴」等角色要求的影響等等。總之，社會對角色的要求會將你緊緊束縛在角色之中。

以上這些都很好地證明了角色效應的存在，那麼角色效應是如何產生的呢？它的產生需要經歷以下三個過程，在孩子身上表現得尤為突出。

1・社會和他人對角色的要求或期望

現在社會普遍認為好學生就應該學習好，而學習好就得考高分，「學習好」和「考高分」就是家長、老師對「好學生」這個角色的期待。這種期待可能導致教育過於重視智力教育，忽視實作、體育、道德、美術教育。

2・對自己所承擔的社會角色的認知

在現實生活中，很多孩子會認為自己的角色與長輩的角色是對等的，比如，很多孩子會認為「我爸是富豪」、「我爺爺是高官」，進而認為自己也是「富豪」、「高官」。這種錯誤的角色認知導致很多孩子變得狂妄自大，做出一些傷害別人的事。

3・在對角色期望及角色認知的基礎上，透過某些具體的角色規範，最終實現角色期待和角色行為

角色效應在很多領域都產生了重要影響或者具有重要意義，比如，班級管理。在一個班級中，不同的角色承擔著不同的職能，所以學生會在無形之中受到這些角色的影響，角色不同產生的影響也不一樣。班長的角色可以讓學生的決策、協調和組織能力得到良好鍛鍊，體育股長的角色可以對學生的膽量與意志進行磨練，並且能夠提高學生的服從性和競爭性，各科目小老師的角色則對激發學生的責任心和上進心大有幫助等等。此外，還有一些隱性的、並不正式的角色，會對學生的性格發展造成消極的影響。

由於班級角色對孩子的性格塑造或能力培養有著非常重要的意義，所以老師在班級管理實踐中應想辦法發揮角色效應的積極作用，對學生的角色進行合理安排，並對非正式角色進行適當的抑制。

下面，我們就來簡單了解一下如何在班級管理中發揮角色效應的積極作用。

1・每個角色都不能固定

如果一個學生長時間擔任一個固定的班級角色，那他就會對該角色產生依賴，而且還會影響其對新角色的嘗試，這

會對其心理健康發展造成負面影響。比如，一個學生長時間做班級幹部，那他就很容易覺得自己做班級幹部是順理成章的事，他會覺得自己了不起，很可能逐漸變得驕傲自滿。

此外，老師對班級幹部角色的要求比較高，覺得他們應該做學生的表率，這樣一來很多班級幹部一方面會培養出較高的責任心和自律精神；但另一方面也會養成積極迎合老師、做事太過謹慎、太過追求完美的性格特點。這對學生性格的健康發展也是非常不利的。

而在有些學生長期擔任班級幹部角色的同時，也會有一些學生長期擔任著非班級幹部的角色，這也會對他們的成長與發展造成不利影響。因為他們長時間「被管理」，所以很容易站到班級幹部的對立面上，對班級幹部產生敵意，進而產生各種消極情緒，並且會表現出被動的狀態，這會對其學習與參與學校活動造成消極影響。同時，他們因為缺少了班級幹部角色的訓練，所以很難養成良好的自律精神與責任心，這將是一個無法彌補的遺憾。

因此，班主任在日常班級管理中可以推行班級幹部輪換制度，按照一定的順序進行輪換，或透過全班票選等多種方式定期對班級幹部成員進行更換。這樣做可以讓更多的同學擔任班級幹部的角色，使他們從中得到培養與鍛鍊。從而避免因角色的缺失而對學生性格的健康發展造成不利影響。

除了要想辦法讓學生輪流擔任各種角色，還可以讓學生同時擔任多種角色，比如，一個學生在擔任國文小老師的同時還可以做班級的圖書股長，或做體育股長的同時擔任學藝股長等等。同時擔任多個不同的班級角色不僅可以讓學生得到各種不同的訓練，多個角色之間的快速轉換還可以有效增強學生的適應能力。

2・讓學生對某些重要角色展開適當競爭

雖然說班級中的角色在本質上並沒有什麼差別，但是在具體實踐中還是會受到學生的區別對待。學生通常都會偏愛某幾個班級角色，如班長、風紀股長等，而忽視另外一些班級角色，所以究竟該如何分配班級角色，尤其是那些大家偏愛的角色，就成了學生最關心的問題。

對班主任來說，比較可行且能為學生接受的方法就是，對那些擁有較高的認同度、學生普遍看好的班級角色展開適當的競爭，透過公開測評、當眾演講等方式，讓學生透過一定的努力公平地爭取到這些角色，這樣做有助於培養學生的競爭意識。只有透過艱苦的努力獲得的角色，才會得到學生的珍惜，學生才能更好地履行角色所承擔的職能，從而讓其所擔任的班級角色發揮出最佳的班級管理效益。

3・讓角色得到合理的分配

　　每個學生的個性都不一樣，而且就算是同一位學生，其個性也是多面的。為了讓角色效應的效益得到最大程度的發揮，根據角色與個性互補的原則，老師應該針對學生個性中存在的一些問題，鼓勵學生去擔任對他們來說具有挑戰性的班級角色，讓他們在具體的實踐活動中得到不同程度的鍛鍊。這樣做可以讓學生個性上的不足得到一定程度的彌補，也對學生個性的健康發展有所幫助。

　　對於那些不善於人際交往，性格內向的學生，可以鼓勵其擔任學藝股長或體育股長的角色，對於自由散漫、好動活潑的學生，則可以鼓勵其擔任風紀股長等角色。雖然說這樣做存在一定的「風險」，但是只要老師能合理引導，並對其進行適當的鼓勵，他們就能做得很好。

4・積極創立多種有益角色

　　在一個傳統的班級中，由於班級幹部的編制比較單一，所以會導致班級角色的單一，這樣一來就對學生個性的全面發展造成了限制。可實際上，一個班級中除了班級幹部這些角色，還存在一些非正式的班級角色，而某些非正式的班級角色又會對學生及他人造成不利影響。

　　所以，老師應該想辦法盡可能多創設一些有益於學生身

心健康發展的角色，以此將學生的進取精神激發出來。

　　具體來說，老師應該多組織學生參加一些班級活動，內容方面應該豐富多彩，還應該多組織一些多種形式的興趣小組，開展新穎、獨特的實踐活動。比如，老師可以鼓勵或組織學生創辦舞蹈隊、足球隊、讀書小組、圍棋小組等團體，廣泛開展書法、美術、讀書、體育、手工等比賽活動，只有這樣才能創設出更多的班級角色，讓每一個學生都可以在活動中找到一個最適合自己的專長，並擔任最適合自己的角色，讓他們在角色實踐中不斷得到提升。

第二章
幫你建立良好人際關係的心理學效應

銘印效應
—— 第一眞的很重要

【心理學詞典】

銘印效應具體是指動物及人類對自己最初接觸到的資訊或對象會留下非常深刻的印象，這個概念由德國習性學家洛倫茲（Konrad Lorenz）提出。

【心理學實驗】

1910 年，德國行為學家海因洛特（Oskar Heinroth）在一個實驗中發現了這樣一種有意思的現象：

剛剛出生的小鵝會本能地跟在自己第一眼看到的「母親」的身後，但是如果牠第一眼所看到的並不是自己的媽媽，而是其他動物，比如，一匹馬、一頭驢，牠也會自動地跟在對方身後。更為重要的是，一旦小鵝對某個動物形成跟隨反應之後，就不可能再對其他動物形成跟隨反應了。也就是說，認定了一個對象後就不會再發生改變，可見這種跟隨反應是不可逆的。

【心理學與生活】 ＊＊＊＊＊＊＊＊＊＊＊＊＊＊＊

銘印效應對人類的影響是非常大的，我們從一出生就會受到它的影響。如果一個人在嬰兒時期過早地接觸電視，那麼他的大腦裡就會刻上電視的印記，他會很喜歡看電視。時間一長，他對媽媽的聲音的辨識就會遲鈍，就算是媽媽把自己看到或聽到的事情說給他聽，他也會無動於衷。這樣的孩子身上還會慢慢出現一些別的特徵，如不會說話；喜歡活動，沒辦法安靜下來；喜歡看電視裡的廣告，會經常哼唱電視裡的樂曲；獨立能力差，生活不能自理；喜歡一些機械類的東西；知識面很廣。

要想改變他不理睬媽媽的情況，就必須將媽媽的聲音錄下來，然後反覆地放給他聽，只有這樣才能讓孩子慢慢地回應母親的呼喚，與母親進行溝通交流。

此外，有心理學家認為，由於銘印效應對孩子的影響很大，所以經常與孩子接觸的父母平時就一定要注意自己的言行，不要有不當的言辭和行為，否則會影響孩子正常的心理發展，甚至心理健康。

你仔細想一下就會發現，人類對「第一」真的很在意，我們對那些可以被稱為「第一」的事物有著天然的興趣，而且還有很強的記憶力，我們甚至都能背誦下來很多「第一」。比如，第一個登上月球的人是阿姆斯壯，第一位皇帝是秦始

皇，美國第一位總統是華盛頓等等，很少有人會記得第二個人。這就是最初接觸資訊的銘印效應展現。

在日常生活中，我們同樣對「第一」飽含深情，我們會記住自己第一任男友或女友，第一次約會，第一次獨自出去玩，第一份工作，第一位老師等等。可是我們一般對第二沒什麼印象。

銘印效應在愛情中也有展現，我們總是對第一次愛過的人念念不忘。不過在最初的「銘印」中，這種感情是非常脆弱的，也很不穩定，還需要透過不斷重複記憶來強化。經過一段時間的強化後，愛情中的銘印效應才會形成，而銘印效應一旦形成，我們就會不自覺地想起那個人，想忘也忘不了。

阿倫森效應
── 先貶後褒效果最好

【心理學詞典】 ●●●●●●●●●●●●●●●●●●●●●●

阿倫森效應是指人們隨著獎勵的減少而漸漸變得消極，隨著獎勵的增加逐漸變得積極的心理現象。在日常生活中，人們最喜歡的是那些對自己的表揚、喜歡、獎勵等不斷增加的人，而最不喜歡在這些方面不斷減少的人。該效應是由著名心理學家阿倫森提出的。

【心理學實驗】 ●●●●●●●●●●●●●●●●●●●●●●

心理學家阿倫森做過這樣一個實驗：

他將參加實驗的人分為四組，讓這四組人對同一個人做出不同的評價，目的是了解這個被評價的人對哪一組最有好感。

第一組對這個人始終都是讚揚。第二組對這個人始終都是否定。第三組對這個人是先讚揚後否定。第四組對這個人是先否定後讚揚。

對幾十個人進行實驗後，阿倫森發現大多數人對第四組是最有好感的，對第三組則是最反感的。

【心理學與生活】

阿倫森認為，人們之所以會喜歡對自己的表揚、獎勵不斷增加的人，反感與之相反的人，主要是因為挫折感在發生作用。因為從倍加讚揚到小的讚賞直到不再讚揚，這樣的遞減會讓人產生一定的受挫心理。但是這樣的挫折對普通人來說還是可以承受的，所以此時我們會表現得較為平靜。可是當不被讚揚變成被否定的時候，我們心中的挫折感就會瞬間被放大，這對一般人來說是無法承受的，所以遞增的挫折感是很容易讓人感到不高興或反感的。

此外，阿倫森效應還提醒我們：在日常生活與工作中應該努力避免因為自己的不當表現而讓他人對自己的印象朝著消極方向轉變，同時它也提醒我們在形成對別人的印象過程中，要努力避免因為阿倫森效應的影響而形成錯誤態度。

最近呂剛有點煩躁，他覺得從上司到同事都對他很不友好，也不愛答理他了，這是怎麼回事呢？

原來他剛進這家公司的時候，很自然地想要積極表現一下，給上司和同事留下一個好印象。於是，每天早上他都會提前來到辦公室打掃環境，清潔阿姨的工作負擔明顯減輕了

不少。此外，他來得早走得卻晚，每天都主動留下來加班，放假過節只要沒什麼事，他也會來加班，上司給他安排的工作他都會積極地完成，平時同事們有甚麼需要幫忙的，他也會盡力去做。

沒過多久，上司和同事都誇他勤快能幹，上司還慢慢地開始安排更重要的工作給他。可是他本身並不是勤快的人，上司安排給他的很多工作他也沒辦法做好，時間一長他就鬆懈了，也不早來打掃環境了，工作上也不積極主動了，上司給他安排工作時也總是挑肥揀瘦。於是大家對他的評價急轉直下，很多人都說他之前的好表現是裝出來的，

現在終於暴露本性了，覺得他不誠實，所以都不愛理他。最重要的是，上司對他也沒好臉色了。這樣突然的變化讓他很難受，覺得自己在公司多待一天就多受一天的煎熬。

呂剛就是因為前後表現的巨大反差，讓上司和同事對他的印象朝著消極的方向轉變，他的不當表現導致了這種轉變，上司和同事對其態度的轉變又反過來影響了他。從另一個角度來說，當我們發現一個原本表現得挺好的人突然表現得不怎麼好時，先不要急著否定對方，要認真了解一下其中的原因，然後再做判斷。

如果我們能合理地對該效應加以利用，許多看起來比較複雜或難以被解決的問題，都會得到很好的解決。

比如，在教育孩子時，隨著孩子年齡的增長，父母應該

不斷地對其進行鼓勵，就算是要批評，也應該在批評之後說些鼓勵的話。如果只是一味地批評，不僅會讓孩子失去自信，也會讓你和孩子之間的關係變得越來越糟糕。

再比如，現在很多人找工作時都願意從低處做起，先降低身價找一份工作，然後在具體的工作中一步步地將才華表現出來，不斷地帶給上司驚喜，這樣就能得到上司的認可。相反，如果你一開始就站在一個很高的起點，那你在工作中只要出現一點差錯，都會讓上司對你降低評價或改變印象，甚至導致他們對你失去信心。

阿倫森效應在戀愛中也有展現。有的人剛開始戀愛時因為想討對方的歡心，所以總是挖空心思、用盡全力討好對方。可是這樣的討好行為是很難持久的，隨著時間推移，他們就不會像之前有那麼多甜言蜜語，也懶得討好了。所以對方就會很不適應，覺得另一半不愛自己了，對自己一天不如一天，於是矛盾也就產生了。正確的做法是，在一開始要表現得平淡一點，只是正常交往，在交往的過程中再慢慢開始討好，這樣會讓對方覺得你對他越來越好，最後成功走到一起。

不過由於每個人都喜歡不斷地被讚美，所以很容易被一些讚美的話迷惑，很多時候我們根本不了解說話人的動機究竟是什麼，只是因為他對我們進行表揚、讚美，或給了我們

很多好處，我們就對其產生好感，結果很容易因此犯下錯誤。比如，那些擅長阿諛奉承的人之所以能受到重用，或者在職場上混得更好一些，不就是因為他們善於讚美別人嗎？

當有人不斷地讚美我們的時候，一定要保持清醒的頭腦，認真分析他們的讚美是不是發自內心，有什麼目的，不要被對方的好話給套住了，以免陷入困境。

那麼，我們該如何預防阿倫森效應帶來的負面影響呢？首先，注意提高心理素質，增強心理適應能力。其次，對待來自周圍的褒貶要保持平常心。

登門檻效應
── 提要求時要懂得循序漸進

【心理學詞典】

　　登門檻效應又被稱為「得寸進尺效應」，是指一個人一旦接受別人一個微不足道的要求，那麼他為了避免認知上的不協調，或為了給他人留下前後一致的印象，很有可能會接受對方所提出的更大要求。這樣的現象就好像登門檻時一階一階向上走，最後順利邁過高處的門檻。

【心理學實驗】

　　登門檻效應是美國社會心理學家弗雷瑟和弗里德曼在1966 年所做的「無壓力的屈從 ── 登門檻技術」的現場實驗中提出來的。該實驗是這樣的：

　　研究人員派出一些人隨機訪問一些家庭主婦，希望她們將一個小招牌掛在自己家的窗戶上，結果這些家庭主婦都很高興地同意了。過了一段時間後，這些人再次去拜訪那些家庭主婦，提出希望將一個不但很大而且並不美觀的招牌放在

她們家的院子裡，結果有超過一半的人同意。與此同時，心理學家又讓一些人隨機訪問一些家庭主婦，直接向她們提出將不但大而且不太美觀的招牌放在她們家的庭院裡，結果只有不到 20% 的家庭主婦同意這麼做。

類似的實驗還有一個：

實驗人員讓助手分別到兩個居住區勸說居民在自己的房子前面立起一塊寫著「小心駕駛」的標語牌，負責第一個居住區的助手直接向居民提出這個要求，只有 17% 的人接受了要求。在第二個居住區，助手先是請各位居民在一份呼籲安全行駛的請願書上簽下自己的名字，結果幾乎所有人都同意了。過了一段時間後，助手又向該居住區的居民提出了立牌的要求，結果有 55% 的人接受了這個要求。

【心理學與生活】

在人際交往中，當我們想要求某人做一件比較困難或對方不太容易答應的事情時，可以先向其提出一些與之相關的小要求，這時候對方會比較容易接受這些要求，然後再向對方提出更大的要求，這時他拒絕的機率就會降低很多。因為他如果拒絕這個更大的要求，就會出現認知上的不協調，於是恢復協調的內在壓力會讓他繼續接受要求或為我們提供更多的幫助。

登門檻效應在日常生活中的很多領域都有所應用，比如，在推銷產品方面，一個成功的銷售員經常會利用這種技巧說服顧客購買自己的產品。

李道林是某公司的金牌銷售，他向客戶推銷產品時從來不會直接推銷，而是先提出通常所有的顧客都能接受的小要求，比如，填寫一份簡單的市場調查問卷，然後再送給顧客小禮物等等。就這樣一步步地達到自己的目的。

其實，對一個銷售員來講，最難的並不是把商品賣出去，而是如何邁出第一步，如果能想辦法讓顧客接受一個小小的要求，那就代表你已經成功了一半。隨後你就可以一個接一個地提出要求，直到達到最終目的。

在員工管理方面，如果能正確利用登門檻效應也能收到很好的效果，比如，你是一家公司的經理，當你想讓一名下屬去做一件比較難的工作，但是又擔心他不願意時，你就可以先安排他去做一件類似，但比較容易完成的工作。同樣地，對公司的新進員工來說，管理者不能一開始就對他們提出過高的要求，這樣很有可能會因為難度比較大、任務難以完成而對其自信心造成打擊。正確的做法是先提出一個小要求，只要他們比之前稍有進步就可以，等他們達成這個目標後，要對其進行鼓勵，並逐步向其提出更高的要求。這樣做會讓新員工較為容易接受，心甘情願地去做一項工作肯定要比心不甘情不願要好很多，這樣預期目標也比較容易實現。

在教育工作上，也可以對登門檻效應進行借鑑和利用，比如，對那些成績比較差或在學習上存在困難的學生，老師不應該一開始就向其提出過高的要求，而是應該先提出一個比以前稍高一點的小要求，比如，之前考 59 分，現在只要求及格就可以了。當學生完成這個目標後對其進行鼓勵，然後再一步步對其提出更高的要求，直到實現最終的目標。

此外，老師在制定目標時一定要考慮學生的心理發展情況及心理承受能力，應該針對不同能力的學生現有發展情況進行分析，要根據學生能力、資質基礎的不同與表現制定不一樣的具體階段目標，讓學生透過努力後能夠完成該目標，從而讓每個學生都能收穫成功的喜悅。

在戀愛中，如果能正確利用登門檻效應，那麼就能避免走很多彎路。比如，一個男生對一個女生有好感，如果直接讓對方做他女朋友，很有可能會被拒絕，因為在沒有經過深入了解的情況下，大多數女生是不會草率答應的。不過如果男生先提出加個好友，沒事的時候聊聊天，猜想沒多少人會拒絕。然後男生可以邀請對方一起看電影，或出去玩。慢慢互相熟悉之後，再提出想讓其做自己女朋友的要求，對方答應的機率可能就會大大提高。

多看效應
—— 越是熟悉的越喜歡

【心理學詞典】 •

多看效應也被稱為「曝光效應」，是指對越熟悉的東西越喜歡的現象。

【心理學實驗】 •

1960 年代心理學家扎榮茨（Robert Zajonc）做過這樣一個實驗：

他讓參與實驗的人看了一些照片，有的照片出現了十幾次，有的照片則出現了二十幾次，有的卻只出現了一兩次。隨後，他讓看照片的人說出自己對這些照片的喜愛程度。結果發現，這些人看到某張照片的次數越多，就會越喜歡這張照片。所以他們最喜歡的就是那些他們看過二十幾次的照片，可見看的次數增加了喜歡的程度。

另一個類似的實驗是這樣的：

在一所大學的女生宿舍樓，心理學家隨機選了幾個宿

舍，給女生發不同口味的飲料，然後要求這幾個宿舍的女生以品嘗飲料為由在這些宿舍間來回走動，但是見面時不能交談。過了一段時間後，心理學家開始詢問她們相互之間喜歡的程度，結果發現她們見面的次數越多，相互喜歡的程度也就越高；相反，見面的次數越少或根本沒有見過面，相互喜歡的程度就會比較低。

【心理學與生活】

多看效應不僅會出現在心理學實驗中，在日常生活中我們也會常常遇到這種現象。比如，有的男性在追求女性時，總是想盡辦法製造雙方接觸的機會，從而讓彼此之間的熟悉程度得到提高，於是相互之間就產生了更強的吸引力，這樣追起對方來自然就會更順利。那些不善於製造接觸機會的人，在求愛道路上會遭遇很多困難，甚至會被直接淘汰出局。

王濤平時喜歡讀書，認識他的人都覺得他懂蠻多的，可是由於他不善言辭，所以並沒有女生喜歡他。偶然的一次機會，他在某網站上發現了一個關於《鐘樓怪人》（*The Hunch-back of Notre-Dame*）的讀書會，正好這本書他也看過，就想去聽聽別人是怎麼講的，最重要的是參加活動能多認識人，也許可以遇到心儀的女生呢。

在讀書會上他果然遇到了一位心儀的女生，不過他並沒有對她表示喜愛，因為他認為自身條件一般，貿然表白肯定會被拒絕。於是，他就開始多方面打聽這位名叫何琳的女生消息，慢慢地，知道她是單身，大學畢業剛兩年，做通訊工作，平時經常參加讀書會，幾乎每場都來。於是他決定堅持參加讀書會，這樣才能和何琳多見面，多見面才會有機會。

從那天開始，他就跟著讀書社群的動態看書，每次讀書會都參加。慢慢地，他和何琳開始有了接觸，先是每次簡短地說幾句話，後來變成坐在一起討論一些問題，再後來就變成可以一起吃飯、看電影了。結果一年後何琳主動跟他表白了，原來何琳已經習慣和他在一起的生活。後來，已經成為他女友的何琳還告訴他：其實一開始見面的時候她覺得他蠻普通的，印象並不好，可是後來隨著見面的次數越來越多，她對他居然越看越順眼，便對他有了好感，有時候還會覺得他在某些方面還是很有魅力的。

此外，對那些經常見到的人我們會不自覺地對其進行美化，發自內心地覺得別人都不如他們好，這也是多看效應在發生作用。

孫倩和張平是男女朋友，這天孫倩讓張平給自己的好朋友李婷介紹對象，張平想了一下後說：「我們公司的孫浩還是單身，人也還不錯，要不要撮合一下他們？」孫倩只見過孫浩兩次，一聽男友提起他，就撇著嘴說：「他怎麼可能配得上李婷啊？李婷那麼漂亮，還是個才女。」張平聽了說：「孫

浩也不差啊，收入穩定，性格好，不抽菸不喝酒，最重要的是現在不是沒有合適的人嗎？再說我覺得李婷也沒你說得那麼好啊。」

在日常生活中，我們如果想要提高自己對某個人或某些人的吸引力，就要多與這個人或這些人接觸，也就是提高自己在他人面前出現的頻率，這樣就能增加別人對我們的喜歡程度。我們經常看到一些明星努力增加暴光度的新聞，其實這和多看效應也有關係，多暴光就能在媒體上多露臉，多露臉也就能多被觀眾看到，這樣就會被更多人喜歡，他們也就更「紅」了。

而那些一遇到陌生人就猶豫、退縮的人，是不太容易讓人喜歡的。這一點對於職場中的人尤為重要，如果我們總是封閉自己，不願意在上司或客戶面前多出現，那麼我們在職場上是不會有什麼大發展的。因此，我們要想在職場上有好的發展，就必須多和上司接觸，比如，吃飯的時候禮貌地打招呼，去外地旅遊回來帶點小禮物，一起坐電梯的時候問候一聲，開會的時候對上司多微笑等等。只要你在遇到上司的時候不再低頭走過，那就是一個良好的開端。

除此之外，我們還可以將多看效應應用到自己身上。很多人都喜歡看鏡子裡的自己，這是因為他們照鏡子的次數比較多，比如，一個女生盥洗的時候要照鏡子，出門前要照鏡子，試穿衣服的時候也要照鏡子，補妝的時候還要照鏡子，

這樣看的次數多了，自然會習慣看鏡子裡的自己，也就會越看越喜歡自己。我們如果想要更愛自己，那就多照照鏡子，多看看自己。

需要指出的是，多看效應也不是在任何時候都會發生作用的。在人與人之間，它發生作用的前提是雙方互相的第一印象不能太差，如果第一印象很差，那麼見得越多就越討厭，這就會朝著完全相反的方向發展了。所以，與人見面的時候一定要保持良好的形象。

首先是外表，就算我們的顏值一般，也不時尚，但是起碼要做到乾淨、整潔。其次，要讓自己保持熱情。熱情的人會有一種讓人無法抗拒的魅力，所以與人接觸時應該主動熱情，但是不能表現得太過卑微，這會讓人看不起。

拆屋效應
—— 拒絕之後的讓步

【心理學詞典】

拆屋效應是指人們在拒絕了對方一個較大要求後，再接受較小要求的可能性會大幅度增加的現象。所以，如果想要他人順利地接受我們的要求，或增加別人接受我們所提出要求的可能性，那不妨先提出一個較大的要求，在被拒絕後再提出退一步的、真正的要求。

【心理學實驗】

心理學研究人員西奧迪尼（Robert Cialdini）等人做過一項被稱為「導致順從的互讓過程」的實驗：

研究人員將參加實驗的大學生分成兩組，要求第一組大學生帶著一些孩子去動物園玩，需要花費兩個小時，結果只有 1/6 的大學生答應了這個要求。

對於第二組大學生，研究人員首先要求他們花兩年時間去擔任一個少年管教所的義務輔導員，由於大家都很清楚這

是一項費時、費力的工作，所以幾乎所有的大學生都拒絕了這個要求。接著，研究人員又要求他們帶著一些孩子到動物園去玩兩個小時，結果有一大半大學生接受了這個要求。

【心理學與生活】

　　心理學家認為，之所以會產生拆屋效應，主要是因為當我們將別人所提的較大的要求拒絕之後，就會因自己沒有為對方提供幫助而歉疚，這有損自己樂於助人、富有同情心的形象，同時也辜負了別人對自己的期望。於是為了恢復自己在他人心中的良好形象，同時也為了讓自己的心理得到平衡，通常我們都會較為愉快地接受對方提出的第二個較小的要求。

　　在人際交往中，我們會很自然地選擇給交往雙方都能帶來最大滿足的行為，所以出於補償心理，拒絕一個人後同意他提出另一個小要求的可能性就會增加很多。

　　如果我們能有效地利用拆屋效應，就比較容易實現自己的目標。比如，我們想向一個朋友借 1,000 元，如果我們直接說：「可以借我 1,000 元嗎？」這時他很有可能會說：「不好意思，最近我的手頭有點緊。」不過如果我們先問他借 1 萬元，這時他一定會拒絕，然後我們進一步提出：「1 萬元沒有，那 1,000 元可以嗎？」他答應你的機率就會增加很多。

很多人買東西時都和商家殺過價，比如說，我們看中一條裙子，標價是 600 元，這時我們會說：「太貴了，300 元行不行」，商家則會說：「300 元太少了，再加一點」。於是，我們就會說出一個比 300 元高一些的價格，商家一般也就同意了。

這時我們會覺得自己占了很大的便宜，其實買的哪有賣的精明，實際上那條裙子最多也就值 300 元，商家一開始故意將價格標得很高，他知道我們一定會拒絕這個價格；但是第二次討價還價時，我們拒絕的可能性就小了，所以最後商家還是沒少賺錢，這就是商家對拆屋效應的有效利用。

在教育實踐中我們也可以利用拆屋效應。比如，有些學生成績很好，但是很容易驕傲，輕視別的同學，甚至對老師都不尊重，很讓老師頭疼。對待這樣的學生，老師應該先向他們提出一個比較高的要求或為他們制定一個較高的目標，透過這樣的辦法抑制他們的驕傲情緒，讓他們意識到自身的不足。隨後再向他們提出一個較低的要求或以較低的標準要求他們，鼓勵他們一點點進步，由此讓他們變得更加優秀。

需要說明的是，拆屋效應並不是一定會發生作用的，它能否發生作用，還取決於雙方之間的親密程度及需求的合理程度。如果對方對你既沒有責任，也沒有義務，那他很難答應你做一些對他自己無益的事情。

吊橋效應
—— 危險的環境能促進感情的發展

【心理學詞典】

吊橋效應是指當一個人膽顫心驚地經過吊橋時，心跳會不自覺地加快，如果這個時候碰巧遇到了別人，那麼他就會將這種危險或刺激環境所引起的心跳加快誤認為是對方讓自己心動，才會有這樣的生理反應，從而對其產生好感，想要與其進一步接觸。所以，在危險或刺激的環境下我們很容易對他人產生好感，由此觸發愛情。

【心理學實驗】

實驗一：

研究人員讓一位年輕漂亮的女子站在一座高 70 公尺的懸空吊橋上，吊橋來回擺動，讓人害怕。這位女子站在橋上等著 18 ～ 35 歲且沒有女伴的男性經過吊橋，她會告訴那些符合條件的男性，希望他們能夠參與她正在進行的一項調查，然後向其提出幾個問題，並將自己的電話號碼留給他們，還

說如果想要進一步了解相關情況，他們可以給她打電話。

然後，同樣的實驗在一座只有 3 公尺高的普通小橋上又進行了一次。最終的結果顯示，經過吊橋的很多男性都對那位女子產生了好感，後來大概有一半的人給她打過電話並向她表白，而在那座普通小橋上經過的十六名男性中，只有兩個人給她打過電話。

實驗二：

研究人員讓一些男大學生跑步十分鐘後和那些沒有跑步的男大學生一起看一位女大學生的照片或影片，然後讓他們對照片或影片中的女大學生進行評價。結果顯示，跑了步的男生能夠更為強烈地感覺到女大學生的魅力，而沒跑步的男生對女大學生的好感明顯不如他們強烈，這就說明運動後的人更容易被異性吸引。也就是說，如果一個人在與人見面的時候精神處於緊張或興奮狀態，那他對對方的好感就會大幅度增加，這可能說明激動、驚慌與愛慕之間存在著緊密的連繫。

【心理學與生活】 ●●●●●●●●●●●●●●●●●●●●●●

當我們處於危險情境中時，會不由自主地呼吸急促、心跳加速，這時如果遇到別人，我們會很自然地將這些生理上的表現歸因為是這個人導致自己意亂情迷，因為我們通常不

願意承認自己當時只是單純的害怕而已。

　　我們在生活中或影視劇中經常會看到類似的場景，比如，一名漂亮的女子被幾位歹徒劫持，這時突然有一個人出來英雄救美，於是最後這個姑娘就和英雄在一起了。為了躲避危險，一男一女拉著手在街上狂奔，隨後彼此之間的感情就得到進一步的昇華。玩雲霄飛車或看恐怖電影時，年輕的情侶會靠得更近。

　　所以，如果你對一個異性有好感，想要與其有更進一步的發展，那就要多與其一起做些驚險刺激的事，比如，爬高山、玩雲霄飛車、看恐怖電影等。這些都可以增進你們之間的感情。

　　不過需要指出的是，如果我們在一種危險的情境中對他人產生了好感，或者覺得自己心動了，那一定要認真考慮一下，這種心動究竟是吊橋效應在發生作用，還是真的心動了，真的有好感。很多時候，心動並不一定是愛情。如果我們不能確定，那最好還是不要急著做決定，先離開那個人幾天，讓自己清醒一下再做決定。

羅密歐與朱麗葉效應
—— 越是阻止，感情就越強烈

【心理學詞典】

羅密歐與朱麗葉效應是指當一對戀人的愛情受到外在力量的強烈干擾時（通常是親人反對），這對戀人的感情反而會得到加強，關係也會變得更加牢固。

這個概念出於莎士比亞的經典戲劇《羅密歐與朱麗葉》（*Romeo and Juliet*），兩個相愛的人因為兩個家族之間的仇恨而遭遇巨大的障礙，結果他們非但沒有分手，反而愛得更深了，直到雙雙殉情。

由此可知，羅密歐與朱麗葉效應的另一層意思是，越是禁止的東西，越是容易激發人的興趣和好奇心，人們就越是想要得到，因此它也被稱為「禁果效應」。「禁果」源自《聖經》中亞當和夏娃偷食禁果的故事。

【心理學實驗】

美國心理學家布萊姆做過這樣一個實驗：

他找來一群志工，讓他們在甲和乙之間選擇一位自己比較有好感的。在低壓力條件下，一名實驗助理告訴志工：「我們選擇的是甲」；在高壓力條件下，另一名實驗助理告訴志工：「我們都應該選擇甲」。

實驗結果顯示，在低壓力條件下選擇甲的人有 70%，而在高壓力條件下選擇甲的人只有 40%。由此可見，如果選擇是自願的，人們傾向於增加自己對所選擇對象的喜歡程度；而當選擇是被強迫的時候，對選擇對象的好感就會大幅度降低。

【心理學與生活】

心理學家德里斯科爾等人在對愛情進行研究時發現，來自長輩的反對力量越強，一對戀人也就愛得越深，不過如果他們因此而結婚，那這樣的婚姻大多數都會以悲劇收場。

這種情況不僅出現在愛情中，同時還出現在生活的很多方面。總之，越是被禁止得到的東西，人們就越會想辦法得到；得到的難度越大，其在我們心目中的地位就越重要，價值也就越高。為什麼會出現這樣的情況呢？

　　首先，當我們的自由受到限制時，我們就會很自然地產生不高興、不愉快的情緒，而去做被禁止的事情可以消除這種不愉快的感覺。所以才會發生當有人命令我們不準做什麼事時，我們偏偏要去做的情況，這也是我們常說的反抗心理。

　　其次，人們對那些沒有辦法知曉的「神祕事物」總是會有很強的好奇心，而這些事物對我們的誘惑力要比那些我們能接觸到的事物大得多。

　　我們通常所說的「賣關子」、「吊胃口」，就是我們對資訊完整傳達的一種期待心理，一旦我們無法了解某些關鍵資訊，從而導致這段資訊出現空白，那麼我們的內心就會強烈地想要了解缺失的關鍵資訊。

　　一個人越是想要隱瞞一些資訊或事實，就越是會激發人們的好奇心，人們就會千方百計地試圖了解這些資訊。

　　比如，在一些涉及公眾利益的問題上，我們所害怕的不一定是已經確定的事實，而是自己不確定、不了解的事情，這時候我們就會想辦法了解真相。如果了解了真相，我們反而不會害怕，封鎖資訊只會加劇流言的傳播，從而引起公眾的不安。

　　在學生的教育上，禁果效應也普遍存在，比如早戀問題。很多老師、家長都採取嚴厲的手段禁止學生早戀，比如，對學生進行嚴厲的批評，強制戀愛雙方斷絕往來，或是

對其進行全面的監視。結果，戀愛中學生的感情變得越來越好了，有的人甚至會選擇私奔。

現在很多學校在性教育方面還是極力遮掩著，生怕學生了解這些之後做壞事，而且家長也是談「性」色變，把「性」搞得很神祕。缺乏科學性知識的青少年可能就會對性充滿好奇，想要嘗試，結果造成了很多悲劇。

在涉及學生教育的一些問題時，最好不要硬性禁止，而是要善於進行疏導，因為強硬的禁止只會增加學生的好奇心，讓他們在相反的道路上越走越遠。

值得一提的是，如果我們能正確利用禁果效應，也能取得積極的效果。印度有一座叫加娜廟的古廟，寺廟並不大，遊客從廟門前經過時看一眼，就能將廟裡的東西盡收眼底，所以沒有幾個人願意買票進去觀光。時間長了，因為入不敷出，寺廟只好關門，不再對外開放了。隨後，讓人意想不到的事情發生了：有的遊客走到廟前時，經常會趴在關閉的大門上透過門縫向裡面看，不過也只能看到一堵牆和一棵樹而已，其餘的都被門擋住了。但就算是這樣，仍然有源源不斷的人趴在那裡往廟裡看。廟裡的和尚得知這個情況後進行了統計，結果發現那些趴在門上往廟裡看的遊客要比之前買票入廟觀光的人多幾十倍，和尚非常吃驚。

隨後，這座廟又開啟大門對外開放，不過他們在大門的

裡面修建了一道影壁，遮擋人們的視線，而且還故意把幾間房子鎖上，只留一些縫隙讓遊客觀看。其實裡面都是些簡單的東西，比如，泥菩薩、床、衣服等。不過即使是這樣，還是有很多遊客願意買票進來參觀。

上面這個故事可以看作禁果效應在行銷上的成功應用，其實生活中這樣的應用還有很多，在此就不一一列舉了。

最後，再回到戀愛男女面對父母阻止這個問題上。雖然青年男女在戀愛上都想遵從自己的心願，想要自由戀愛，這是無可厚非的。可有時候父母的反對也是有一定道理的，畢竟他們比我們的閱歷豐富，在很多事情上都更有經驗，所以當他們對我們的戀情提出反對意見時，我們不妨冷靜地坐下來和父母一起交流一下看法，而不是一味地強硬抵抗父母的干涉，更不能因為父母的反對就做出過激行為。這樣不僅會傷害與父母的感情，還很有可能對自己造成傷害。何況因為受到外界壓力而升溫的愛情通常是難以經受現實考驗的，兩個人只要遇到一些挫折，或發生一些矛盾，感情就很容易產生裂痕，所以千萬不要為了賭氣而去愛一個人或者草率地與一個人結婚。

同樣地，父母在反對子女與某人在一起時，也一定要注意方式、方法，不要太過強硬，正確的做法應該是動之以情、曉之以理，絕對不能當眾批評、訓斥甚至是羞辱子女，這樣只會讓事情朝著相反的方向發展。

地位效應
── 地位越高越容易被認同

【心理學詞典】••••••••••••••••••••••••••••••

　　在心理學中，我們將由處於不同地位之人提出的意見、方法產生不同效果的現象稱為「地位效應」。

【心理學實驗】••••••••••••••••••••••••••••••

　　美國心理學家托瑞做過這樣一個實驗：

　　他讓軍用飛機場的空勤人員，包括領航員、駕駛員、機槍手等成員在一起討論解決一個問題，每個人必須先提出自己的解決方法，最後再將所有人都同意的方法記錄下來。結果發現絕大多數成員都同意領航員的方法，而很少有人同意機槍手的意見。當領航員有了正確的方法後，大家會 100%同意；而當機槍手有了正確的方法時，只有 40% 的人同意，這進一步證實了地位效應的存在。

【心理學與生活】 ●●●●●●●●●●●●●●●●●●●●●●●●●

在現實生活中，我們經常會遇到這樣的現象：那些地位高的人提出的方法或意見總是很容易得到多數人認同，他們的意見也很快能得到執行；而地位低的人所提出的意見或方法就算是正確的，或與地位高的人提出的方法一樣，也很少會被人認同，更不要說執行了。

劉鵬在一家生產紡織品的公司上班，他是個典型的理工男，而且人很正直，有什麼看不慣的就一定會說出來，因此經常受到排擠，上司也不喜歡他。

有一年，他因為看不慣上一個公司部門經理的一些行為，就公開批評他，最後那個經理雖然被調走了，可他還是受到同事們的排擠。新來的經理也不喜歡他，時間一長他覺得沒意思，就跳槽到了另一家公司。

新跳槽的這家公司也是生產紡織品的，因為劉鵬之前做過三年的紡織廠空調運轉工作，對工廠的溫溼度調節有比較豐富的經驗，所以他一來公司上司就安排他到工廠負責溫溼度調節。工作了一段時間後，他發現工廠的空調裝置因為功率不足導致工廠溼度不夠，造成工廠飛花、紗線毛羽較多等諸多問題。

當他了解到公司不會在短時間內更換空調裝置後，他就提出在工廠進行人工灑水，覺得這樣可以暫時解決上面提到的那些問題。不過這個提議卻被廠裡主管直接否決了，理由

是在地上灑水會破壞地面的光潔度，而且主管怕細紗機臺遇水之後會生鏽，就這樣他的提議被擱置了。

後來，工廠來了一位生產部經理，這個人與劉鵬一起工作過蠻長一段時間，和他做同樣的工作，不過因為人際關係處理得好，所以在原來的公司就是負責管理生產的經理。這個生產部經理來了之後也很快發現了同樣的問題，於是就提出了與劉鵬相同的建議。

讓劉鵬感到意外的是，廠裡主管馬上採納了這個建議，不但配備專人負責灑水，而且配置了專用的灑水車。

同樣的建議，一個被否決，一個被採納，最根本的原因就是一個是普通員工提的，一個是部門經理提的。這就是地位效應在職場上最直觀的表現。

那麼，為什麼會產生地位效應呢？主要有以下幾點原因。

首先，位高者與位低者所掌握的資訊量是不一樣的，位高者掌握的資訊不但多，而且還是經過分析過濾之後高品質、最有價值的資訊，所以他說的話自然就有分量。加上他身居高位，人們對他說的話自然就會關注，再加上有些人的刻意奉承，他的話很容易被認同、讚賞。而身居低位的人掌握的資訊畢竟是有限的，有些資訊還是小道消息，再加上其靜下來思考的時間一般並不多，精力也有限，所以他說的話一般就不會受到重視，也不會產生什麼影響。

　　其次，人們總認為那些地位高的人有著豐富的經驗、過人的才華、高超的智慧，所以就對他們非常崇拜、信任，會把他們說的話看作真理，不會懷疑其中是不是有錯誤。而地位低的人則會被當作普通人，甚至是不如自己的人，在這種的情況下，人們又怎麼會相信他們所說的話呢？

　　最後，地位高的人通常都擁有名氣、財富或權力，這就會讓人很自然地生出一種遵從感。此外，在很多情況下，要想達到目的，比如晉升，人們就必須信任、遵從位高者，否則就會產生一種不安全感、恐懼感和失落感。而且有時為了避免一些麻煩，人們也會屈從於位高者。但對於處於低位的人我們是不害怕的，也是無所求的，所以我們就會忽視他們的意見，會表達出真實的想法。因為這樣做並不會給自己帶來什麼麻煩，所以我們常說「人微言輕」。

　　在日常生活中，地位效應對我們的影響較大，尤其在職場上。比如，有的人在遇到問題時總是習慣性地說「這個問題問一下主管就好了」，也就是說，他總是習慣性地問地位高的人。雖說這樣做有一定的道理，但是由於地位高的人身邊總會有一些阿諛諂媚的人，時間長了，就會讓地位高的人高估自己的能力，從而提出一些不切實際的方法。所以我們對地位高的人提出的一些方法和措施，還是要認真研究，不能盲目遵從。

此外，我們還要有自己的看法和見解，只能將他人的意見和建議當作參考。如果你的地位較低，但對某些問題又確實有解決的好方法，為了避免它們胎死腹中，就一定要想辦法與地位高的人溝通，與他們一起論證，贏得上司的支持。只有這樣你的建議才能得到執行。

　　需要注意的是，一定要注意上司與主管的感受，不要太過表現自己、突出自己，要學會站在他們的角度考慮問題，不要總是按照自己的想法行事。在他們面前一定要保持謙虛，要多向他們請教問題，請他們指正自己在工作中存在的不足，這樣才能更好地開展工作。如果不能和上司與主管搞好關係，那就算你有再多的好建議都沒用。

　　身居高位的人也要注意冷靜地對待下屬的讚美，不要真的認為自己什麼都懂，什麼都能解決，要多聽下屬的建議，並讓他們充分發表意見，避免「一言堂」的情況出現。

盧維斯定理
—— 處理好謙虛的尺度

【心理學詞典】

盧維斯定理是由美國心理學家盧維斯提出的，其含義是謙虛並不是要將自己想得很糟糕，而是完全不去想自己。另外，如果將自己想得太好，就很容易把別人想得很糟。

【心理學與生活】

故事一：

梅蘭芳先生是享譽國際的京劇大師，不過他從來不曾因為自己取得的成績而驕傲。有一次他在表演京劇《殺惜》時，現場的很多觀眾都連聲叫好，不過有位老先生高聲說了句「不好」，正好被梅蘭芳聽見。演出結束後，他來不及卸妝換衣服，就坐上車把老人接到了自己家裡。然後，他非常恭敬地對老人說：「說我不好的人就是我的老師，先生說我不好，就一定有高見，還請不吝賜教，學生一定會亡羊補牢。」

老人聽他這麼說也很感動，就說：「閻惜嬌上樓和下樓的臺步，按照梨園行的規定應該是七上八下，您怎麼是八上八

123

下？」梅蘭芳聽後恍然大悟，承認確實是自己錯了，並連聲道謝，從此以後他就經常請這位老先生看戲，給自己指正，還尊敬地稱他為「老師」。

故事二：

諾貝爾獎設立者阿佛列・諾貝爾（Alfred Nobel）一生做出很多貢獻，可是他非常謙虛。有一次他的哥哥想編一部家族史，要他寄一份自傳給自己，結果他寫的自傳是這樣的：

「阿佛列・諾貝爾，當他呱呱墜地時，他那可憐的生命差點斷送於一位仁慈的醫生之手。主要的美德：保持指甲清潔，從不累及他人。主要的過失：沒有太太，脾氣很壞，消化不良。唯一的願望：不被人活埋。最大的罪惡：不祭拜神祇。生平重要事：無。」

哥哥覺得他這麼寫也太輕率了，就反覆勸他，並且表示可以幫他整理相關資料，可是他堅決不同意。他說：「我不只是沒有時間，最根本的原因是我不能寫什麼自傳。在茫茫宇宙之中，有恆河沙粒那麼多的星球，而無足輕重的我們，有什麼值得去寫呢？」

上面這兩則故事告訴我們要謙虛，而我們從小受到的教育也告訴我們「謙虛是一種美德」，做人做事要謙虛，在這一點上大家是有共識的。也就是說，人不能驕傲自大，不能把自己想得太好，把別人想得太糟糕，從而輕視別人。

很多人總是錯誤地認為謙虛就是將自己想得很糟糕，當

有人向其請教一些事情或問題，或想要安排其執行一些任務時，很多人都會習慣性地說：「這件事我不懂，我也沒什麼把握啊，我盡量試試看吧。」等。好像不這樣表達就不夠謙虛，有時對於有些事，他明明能做好，明明非常有把握，也會「謙虛」地表示自己不太擅長，擔心別人給自己扣上不謙虛的「大帽子」。這樣的謙虛會讓我們丟失大量機會，因為很多時候別人會覺得你沒有信心，從而不放心讓你做事。所以，該表現的時候就一定要表現，要掌握好謙虛的尺度。

真正的謙虛並不是貶低自己、抬高別人，而是要對自己有一個清醒的認識，要從容、客觀地看待自己的優點和缺點。這就是盧維斯所說的：「不要把自己想得太糟糕」的真正含義，而且如果將自己想得太糟糕，時間長了就很容易丟失自信，變得自卑。而他說的「完全不去想自己」，是指在面對一件事或一個問題時完全忘卻自己，進入忘我的精神境界，不在乎別人的看法，不再受到個人利益的阻礙和干擾，完全從問題和事情本身出發，怎樣有利於問題的解決就怎樣去做。絕對不會明明知道卻說不知道，明明能做好卻說自己做不好，也不會不懂裝懂，知道就是知道，不知道就是不知道，一切從實際出發。

改宗效應
—— 有時「反對者」更受歡迎

【心理學詞典】

　　美國社會心理學家哈羅德・西格爾研究發現，如果一個觀點對一個人非常重要，那麼如果他能用這個觀點去說服一個與自己觀點不同的「反對者」改變自己的觀點，而與他的觀點一致，那麼他就會更傾向於喜歡這個「反對者」，而不是喜歡那個一開始就同意自己觀點的人。

　　簡單來說，就是人們喜歡那些在自己影響下改變觀點之人的程度，要比那些一直贊同自己觀點之人高。因為人們透過辯論或做一些事讓對方改變觀點時，會覺得自己是有能力的，會因此產生很大的成就感，這個發現被稱為「改宗效應」。

【心理學與生活】

　　我們的身邊一定會有那種「老好人」，他們性格溫和、做事厚道，不管別人說什麼都不會反駁、不願意得罪人。按常

理來說，這樣的人應該很受人歡迎才對，可實際上「老好人」不太容易得到別人的尊重與喜愛，因為他們會被認為是牆頭草，讓人覺得一點主見都沒有。最重要的是他們會被認為沒有挑戰性，更無法給人帶來戰勝挑戰後的滿足感。

相反，那些經常和我們唱反調的人卻容易得到我們的尊重與喜愛，尤其是在我們將其說服，使其同意我們的觀點後。生活中有很多這樣的例子。比如，我們做了一個方案，大多數人都說很棒，可就有一個人說有問題，這時我們所在意的肯定是這個說自己方案有問題的人。這時我們就會努力讓他改變觀點，認可自己，如果最終他認可了我們的方案，那麼我們心裡就會越發尊重他，下次有什麼事我們就會優先考慮他的意見，而不會考慮那些一直附和我們之人的意見。

一個美女有很多人在追，可是有那麼一個人對她愛搭不理，而且還處處和她作對。這時美女會怎麼辦呢？當然是想盡辦法降服這個和自己作對的人，因為這個人引起了美女的好奇心和征服欲。美女會想「他為什麼不喜歡我，是我哪裡不夠好，還是他眼光太高？你既然不喜歡我，那我就一定要你喜歡我」。就這樣，她對這個男生的好感會越來越強烈，直到兩個人走到一起。

很多人在戀愛中都有過類似的經歷，當一個男生對一個女生發起正面進攻完全沒作用後，會進入反對者的陣營。因

為畢竟反對者少，也容易引起對方的注意，所以成功的機會比較大。

當我們發表了一個觀點，身邊的人全都沉默或附和時，其實我們並不會有多大的成就感。但是如果有一個強烈反對我們的觀點，而我們又當著大家的面說服了他，那種成就感會讓我們非常開心，而我們對這個人也會更加在意。

為什麼那些「反對者」會受人重視，而總是說「是」的「老好人」卻會被人輕視呢？這一切都是因為改宗效應在發揮作用。現在我們來重點了解一下導致改宗效應產生的原因。

從個人情感角度來說，每個人都希望自己是特別的，而且希望自己能夠得到別人的特殊對待。那些「老好人」對誰都很好，所以我們對他們來說並不是特別的一個，就算他們對我們很好，我們也會下意識覺得這樣的「好」是不夠珍貴的，是容易得到的。

而那些平常非常高冷的人如果有一天對我們很好，我們一定會感到驚喜，因為我們知道高冷的人是不會輕易對人釋放溫暖的，但是他們一旦對人付出真心，那這份真心一定非常珍貴，因為在他們心裡我們是特別的一個。同理，當別人都在附和我們時，突然有一個人出言反對我們，那我們一定會覺得他很特別，就會特別注意他。

從成就感方面來說，如果我們能透過自己的努力，比

如，辯論、討論，讓那些和我們意見、立場不同的人改變原有的立場或意見而認可我們，我們就能獲得巨大的成就感。

而「老好人」因為一直站在我們這一邊，從來都沒有反對過我們，對一件已經習慣的事我們又怎麼會有巨大的成就感呢？

從人的個性方面來說，那些有著自己獨立個性，做事堅持原則，勇於表達自己觀點並且能堅持自己觀點的人，會散發出一種獨特的魅力，這樣的人容易獲得他人的欣賞。而如果我們能夠影響這樣的人，讓他們改變觀點和立場，那麼我們就得到了有魅力之人的認可，這肯定是讓人驕傲的事。

而那些「老好人」在我們眼裡是根本沒有個性的，得到他們的認可也就不是一件值得驕傲或讓人高興的事了。

既然「老好人」這麼不受人待見，那我們就不要做「老好人」了，正確的做法如下。

1 · 確立自己的邊界

所謂邊界，就是一種尺度，即給自己規定一個範圍，屬於這個範圍內的事情我們可以考慮去做，不屬於這個範圍內的事情就要果斷拒絕。有了明確的邊界後，我們就不會猶豫和糾結，做事就不會前怕狼後怕虎。而且有了明確的邊界後，我們在外人面前表現出來的形象就是有主見、有原則、有立場的，這樣我們也就更容易贏得他人的尊重。

2・勇敢表達自己的觀點和訴求

　　建立持久、健康人際關係的開端是表達自己的觀點和訴求，只有將心中的想法表達出來，讓對方知道，我們在他人眼中才算是一個有著自己觀點和訴求的獨立個體。這樣我們才能得到平等和別人交流的機會，要不然我們在別人眼中是沒有存在感的。

3・做人做事應該有所選擇

　　選擇對某些人友好，選擇和一些人做朋友，選擇去做一件事而不做另一件事。這些選擇是很重要的，因為在選擇的過程中，我們為人處世的原則和標準就會表現出來，而做出這些選擇以後得到的結果就是一個負責任的結果。這會給人帶來一種安全感，因為人們會本能傾向於相信這個結果是我們深思熟慮後的結果。

出醜效應
── 最受歡迎的是優秀但有小缺點的人

【心理學詞典】

出醜效應也稱為「犯錯誤效應」、「仰巴腳效應」，即那些才能平庸的人固然不會被人喜歡，那些一點缺點都沒有的人也不會讓人喜歡，最討人喜歡的人是那些優秀但是又有些小缺點的人。

【心理學實驗】

心理學家艾略特・阿倫森（Elliot Aronson）做過這樣一個實驗：

他把四段情節類似的訪談錄影分別放給測試對象看，第一段錄影中播放的是一位非常優秀的成功人士在接受訪談，他在其所從事的行業裡取得不錯的成績。他在接受採訪時態度非常自然，而且談吐不凡，非常自信，絲毫沒有感到羞澀。他的表現不斷贏得觀眾的掌聲。

第二段錄影中接受訪談的也是一位非常優秀的人，不過

他在接受訪問時略微有點害羞。當主持人向觀眾介紹他的成就時，他非常緊張，居然把桌子上的咖啡打翻，把主持人的褲子都給弄溼了。

第三段錄影中接受訪談的是一名非常普通的人，不像前面兩位那樣曾獲得優秀的成績。在接受採訪時他雖然不太緊張，但是也沒有發表什麼吸引人的言論。

第四段錄影中接受採訪的人也是一名很普通的人，在接受採訪時他表現得非常緊張，他也把咖啡打翻了，同樣也弄溼了主持人的褲子。

測試對象看完這四段錄影後，阿倫森讓他們從上面四個人中選出一位自己最喜歡的以及一位最不喜歡的人。結果顯示，四個人中最不受歡迎的是第四段錄影中的普通人，幾乎所有的測試對象都選擇他；而大家最喜歡的卻不是第一段錄影中的成功人士，而是第二段錄影中那個打翻咖啡的成功人士，有 95% 的測試對象都選擇了他。

【心理學與生活】 ●●●●●●●●●●●●●●●●●●●●●●●●●●

我們經常說「金無足赤，人無完人」，世界上根本不存在完全沒有缺點的人。不管多偉大的人身上都有缺點，也都會犯錯，就算是諸葛亮那樣的智者也曾因為錯用馬謖而失去街亭。不過正因為他有缺點，會犯錯，他才是一個真實的人，

才會受人敬仰，被人喜歡。相反，如果一個人非常完美，學習刻苦，工作勤奮，長得還很好看，又充滿愛心，脾氣還很好，一點缺點都沒有，那這樣的人真實嗎？你會喜歡這樣的人嗎？你願意和這樣的人相處嗎？很明顯不會。

為什麼非常優秀、沒有缺點的人不會被人喜歡？對於這個問題，心理學上有兩種解釋。

一種解釋是從人的自我保護角度出發，認為人在通常情況下都喜歡有才能的人，而且才能與被喜歡的程度是成正比的。可任何事都有一個極限，如果一個人能力太強，強到讓人覺得自己卑微、無能時，事情就會朝著相反的方向發展，此時我們就會由喜歡變成不喜歡，甚至是厭惡。因為我們首先會對自我價值進行保護，沒有誰會去挑一位總是提醒自己是無能和低劣的對象來喜歡。相反，一個能力出眾，但是有些小缺點或會犯些小錯誤的人則不會給人太大壓力，給他人保護自尊，留有餘地，因此能贏得更多人的喜愛。

另一種解釋是太過優秀的人會給人一種不真實、不容易親近、高冷的感覺，人們對這樣的形象其實並不會真正的喜歡和接納，我們對這樣的人通常會下意識地敬而遠之。而偶爾失誤或表現出來一些小缺點則有可能打破人們的看法，會讓優秀的人變得更真實，更有親近感。

所以，優秀的人如果偶爾出一點醜，表現出一點小缺

點，犯一點小錯，不但不會影響他的人際吸引力，反而會使他得到更多人的喜歡。

不過需要注意的是，雖然偶爾出一點醜可以讓優秀的人更受歡迎，但不是說優秀的人要故意出醜來譁眾取寵，而是不應該過分追求完美。當我們不小心犯錯時，要平靜地接納這個事實，要學會接納有缺點、會犯錯的自己。

出醜效應帶給我們很多啟示，一個十分優秀、受人尊敬的管理者如果當眾犯了一點小錯，這時他的下屬在感情上一定會更親近他、信任他，不過前提是他真的優秀且又值得被尊敬。所以管理者要想讓員工更加信服自己，那麼就應該在犯了一些無傷大雅的小錯誤時坦然接受和承認，沒有必要煞費苦心地掩飾。

在教育上，老師如果在學生眼中是有魅力的，那就會對學生產生吸引力，老師的魅力越大，對學生的吸引力也就越大，學生就會越信任老師。那麼如何提升魅力呢？一名優秀的老師如果在教學過程中偶爾寫錯字，或記憶不準確，再或者是出現一些細小的行為偏差，則會讓學生感到老師更加富有人格魅力。所以，老師對自己所犯的一點小錯誤大可坦然地接受。

出醜效應給我們最大的啟示就是，在生活與工作中不要過分地追求完美，要坦然接受自己的小錯誤、小缺點。一個人不可能把什麼事都做到最好，所以在工作上應該重點發揮

自己的特長，不要追求面面俱到，如果你是技術人員，那就要把技術工作做到位，別的事少操心。在人際交往中，要充分發揮自己的魅力，但是不要刻意包裝自己，不要掩蓋自己的缺點，而是把真實的自己呈現給對方。

需要指出的是，出醜效應並不是萬能的，它直接受到性別角色、犯錯的嚴重程度、自尊心和相似性的影響。

在性別方面，男性大多更喜歡那些犯了錯誤的優秀人才，女性則大多更喜歡能力出眾且不會犯錯的人。

在犯錯的程度上，如果一個人犯的錯誤或出現的失誤很小，小到幾乎可以忽略不計，比如，弄倒了杯子，杯子裡的咖啡卻沒灑出來，那麼出醜效應是不會發生作用的。

在自尊心方面，擁有中等自尊的人更喜歡優秀且會出現失誤的人，而那些擁有低自尊和高自尊的人則更加偏愛能力出眾且完美的人。這種現象顯示，人們的喜好受到其自我價值保護心理的影響：擁有低自尊的人由於與能力出眾的人相差甚遠，雙方之間的距離要更大一些，這樣反而能夠減少相互比較而產生的心理壓力；擁有中等自尊的人因為覺得自己與能力出眾的人差得不是很遠，他們犯了錯誤，則會拉近雙方的距離；擁有高自尊的人覺得自己與才能出眾之人是一樣的，所以根本不需要透過對方的錯誤或缺點來讓自己內心得到平衡。

在相似性方面，如果那個出醜的人的看法、意見和我們很像，那麼我們會更加傾向於輕視或貶低對方，這時出醜效應也是不適用的。

古德曼定理
── 聆聽比訴說更重要

【心理學詞典】 ••••••••••••••••••••••••

古德曼定理是由美國加州大學心理學教授古德曼提出的，其內涵是沒有沉默，也就沒有溝通。

【心理學故事】 ••••••••••••••••••••••••

從前有個小國派使臣向大國的國王獻上了三個小金人，使臣在獻上小金人的同時還提出了這樣一個問題：這三個小金人哪一個是最有價值的？

國王聽了之後，馬上找國內最有名的珠寶大師來對這三個小金人進行鑑定，結果發現它們不管是重量、做工都是一樣的。這讓國王很惱火，心想如果連這麼一個簡單的問題都解答不出來，那豈不是會貽笑大方？

於是他祕密地詢問大臣，想看看他們知不知道答案，最後有一位公認有智慧的大臣說他知道答案。

於是國王把使臣找了過來，那個有智慧的大臣當著使臣

的面拿出三根稻草。他先拿起一根稻草插入第一個小金人的
耳朵裡，結果這根稻草從另一邊耳朵裡出來了。接著，他又
拿起一根稻草插入第二個小金人的耳朵裡，結果這根稻草從
嘴巴裡掉了出來。他拿起最後一根稻草插入第三個小金人的
耳朵裡，稻草卻沒有出來。

　　於是大臣對使臣說：「第三個小金人的價值最高。」使臣
聽了之後，默然無語，因為大臣給出的答案是正確的。

【心理學與生活】 ·····························

　　上面這則故事告訴我們一個道理：具有價值的人，不一
定是最能說的人，而是那些閉上嘴巴善於傾聽的人。我們天
生有兩個耳朵，一張嘴，這就是要我們學會少說，多聽。

　　生活中最受歡迎的人並不是說個不停的人，而是願意靜
靜聽人說話的人。像古德曼定理所說的那樣，如果沒有人靜
靜傾聽，大家都忙著訴說，那就會無法溝通，因為根本沒有
人去聽訴說的人說話，這樣一來訴說也就變得毫無意義。

　　所以要想有效地與人溝通，就要靜下心來聽人說話。不
過傾聽也不只是簡單地帶著耳朵去聽，它是一門藝術，需要
注意很多方面，需要我們全身心地去感受對方在談話過程中
所傳達的資訊，必要時還要積極回應對方。認真的傾聽可以
幫助我們更好地了解一個人，從而幫助自己建立良好的人際

關係。為了獲得一個良好的溝通效果，我們有必要了解一些傾聽的技巧。

1‧盡可能消除干擾

這裡所說的干擾包括內在的干擾和外在的干擾，要將注意力完全放在對方身上。只有這樣才能在聽清對方所說的內容同時掌握對方的肢體語言，了解對方真實的意圖。

2‧適時做出回饋

對方說了一段時間後，適時地對對方所說的話給予準確回應，這樣會鼓勵對方繼續說下去。你可以重複他的觀點，或表示對他的支持和理解。

3‧要避免一些不良習慣

比如，在聽對方說話時不能集中精神，想別的事，隨意打斷別人的談話，故意將話題引到自己的事情上，任意做出評論或表態等等，這些都是不尊重對方的表現。

4‧要鼓勵對方先開口說話

這樣做會讓對方覺得我們很尊重他的意見，有利於建立融洽的人際關係，還可以有效降低談話中的競爭意味。此

外，讓對方先表達，我們就有機會在表達自己的意見之前先掌握與對方一致的地方，這樣對方所說的話也就更容易被我們接受了。

5・要有耐心

這主要表現在以下兩個方面。

一是別人所說的內容通常是和心情有關的，所以一般比較零散或混亂，而且邏輯性不強或觀點並不突出。這時千萬要耐心聽對方把話說完，聽完之後我們自然就能知道對方究竟想說些什麼，否則會很容易理解片面，從而產生不好的效果。

二是對方對一些事情的觀點和看法可能是我們無法接受的，我們可以不同意他們的觀點，但是我們應該耐心地試著去理解對方的心情或立場，聽他把話說完，這樣才能達到傾聽的目的。

6・認真聽取關鍵詞

這裡所說的關鍵詞是指那些描述具體事實的字眼，這些字眼會透露出一些具體資訊，同時也顯示出對方的情緒和興趣。透過這些關鍵詞，我們可以了解對方感興趣的話題。此外，我們如果在向對方表達自己的想法或提出一些問題時，

加入對方所說的關鍵內容，對方就能感覺到我們對他所說的話是感興趣的。

7 · 讀懂暗示

很多人在與人交流時不會直接說出自己的想法或意見，而是運用一些敘述或疑問來進行暗示，以此表達內心的看法和感受。可是這些暗示會對溝通造成阻礙，很容易讓人誤解，甚至會引發言語上的衝突。所以當我們聽到一些暗示性很強的話時，一定要鼓勵對方把話說得更清楚一些。

8 · 抓住重點

抓住對方談話的重點並且把注意力放在重點上面，可以幫助我們較為容易地從對方觀點中找到問題所在。

赫洛克效應
—— 要及時做出評價

【心理學詞典】

赫洛克效應是指及時對工作結果做出評價，能夠強化動機，對工作產生促進作用。此外，適當進行表揚的效果要明顯比批評好，而批評的效果要比不做出任何評價好。

【心理學實驗】

實驗一：

心理學家赫洛克（E.B.Hunlock）做過一個實驗，他將參加實驗的人分成四組。

第一組是表揚組，每次當他們完成一定程度的工作後，研究人員就會對其給予表揚和鼓勵。

第二組是受訓組，每次當他們完成一定程度的工作後，研究人員就會對他們進行批評。

第三組是被忽視組，他們完成工作後研究人員不會對他們做出任何評價，但是會讓他們聽到研究人員對表揚組和受

訓組做出的評價。

第四組是控制組，他們與前三組是隔離的，而且研究人員也不會對他們做出任何評價。

結果顯示，前三組的工作成績都要比控制組好，而表揚組和受訓組的成績則要明顯好於被忽視組，表揚組的成績是最好的，並且處在不斷上升的過程中。

實驗二：

彼得‧巴勒是某馬戲團的馴獸師，他也做過一個類似的實驗：

第一種方法：在訓練小狗進行表演時，如果小狗做錯了動作，他就會對小狗進行鞭打和責罵，讓牠知道做錯事情一定會被教訓；而當小狗做對了動作時，他不會有任何表示。

第二種方法：當小狗做對了某個特定的表演動作時，他就會去撫摸牠、讚賞牠，或給他一塊肉，或逗牠玩一下子。

巴勒發現第二種方法的訓練效果要比第一種方法好很多，小狗會更容易掌握各種表演動作，同時也更願意配合他。

【心理學與生活】 ●●●●●●●●●●●●●●●●●●●●●●

赫洛克效應給我們的生活與工作帶來了一些有益的啟示，也包括在教育孩子方面。在教育孩子的過程中，家長或

老師如果發現孩子在某個方面有進步或做得不錯，那就要及時對其進行積極的評價，比如，孩子主動完成了作業，而且比平時提前了一個小時，這時就要對孩子說：「你今天表現得真不錯，要繼續保持。」當然，如果孩子做錯了，也要及時批評指正，告訴他正確的方法，不能對孩子的行為不做任何評價，更不能對孩子不聞不問。這會讓孩子覺得家長或老師根本就不關心他，這樣他就會對學習徹底失去興趣。而及時對孩子的行為做出評價，就能夠強化孩子的學習動機，促進學習的作用。

在教育孩子的過程中要多鼓勵，少批評，因為鼓勵、表揚對學習的促進效果要明顯強於批評、訓斥。大量的事實說明，對孩子的鼓勵、表揚和信任能夠激發孩子的上進心與自尊心，不過表揚孩子時也要注意時機和分寸，不能過度。

對孩子也不能完全不批評和不懲罰，必要的懲罰和批評可以控制並改變孩子的不良行為。但是懲罰和批評也要適時、適度，要讓孩子明白自己為什麼受罰，並且要讓他學會改正錯誤。

所以在教育孩子的過程中要善於運用表揚和批評，並掌握好分寸。表揚、獎勵時不能誇大其詞，批評、懲罰時要及時、慎重，不能嘲笑、譏諷。要想讓懲罰和表揚真正發揮作用，關鍵要做到理解和尊重。同時要注意表揚和懲罰的比

例，從心理學的研究結果來看，當獎懲的比例為 5 ： 1 時效果是最好的。

同樣地，我們對身邊人的行為也要及時做出評價，不可以不聞不問。如果你是管理者，每當員工完成一項工作時，都應該根據實際情況做出適當的評價，做得好就鼓勵、表揚，做得不好就批評、懲罰，只要是客觀的評價，都會有一定程度的作用。

如果你是個普通職員，上司做了一件對你有幫助的事，你一定要及時對其表示感謝，要讓他知道你對他所做的事心存感激，這樣他才會更加積極地做下去。如果沒有回應，那他可能就不會再做這樣的事了。比如下面這個事例。

今年張超取消了公司一年一度的旅遊，員工們心裡都不舒服，不過沒有人出面反對。張超的朋友聽說這件事後，就問他為什麼這麼做，公司效益不是挺好的嗎？張超說：「也沒什麼特別的原因，就是覺得沒意思，每年花那麼多錢請員工出去旅遊，可從來沒有一位員工對我說過一句感謝的話，所以我覺得有點心灰意冷，所以就取消了。」

如果你是一名兒子或老公，那麼當你的媽媽或老婆精心為自己準備了一頓美味的飯菜後，一定要向她們表示讚賞和感謝，只有這樣她們才會覺得自己的付出沒有白費，才會更加積極地為你提供美味佳餚。如果得不到我們的回應，她們就會覺得把飯菜做得再好都沒意義，反正也沒人關心，從而

越來越沒興趣做飯。

　　赫洛克效應告訴我們，表揚和讚美所產生的效果要明顯好於批評，所以我們一定要記得多讚美身邊的人，因為每個人都渴望得到讚美。讚美他人不僅可以讓我們獲得他人的好感，還能有效地鼓勵他人做出更好的成績。

醞釀效應
—— 有難題解決不了時先擱置

【心理學詞典】

當我們面對一個難題，不管怎麼努力都沒辦法解決時，暫時停止對這件事的思考，去做別的事情。這時之前那個無法解決的難題卻突然有了答案，這就是醞釀效應。

【心理學實驗】

醞釀效應是心理學家由阿基米德（Archimedes）發現浮力原理的故事概括而來的。阿基米德是古希臘著名哲學家、物理學家，他出生於西元前 287 年，是古希臘地區敘拉古王國的貴族，大家都十分敬佩他的學問。

有一次，國王拿出很多黃金，請人做了一頂純金的王冠，可是他又懷疑工人在製作王冠的過程中往裡面摻雜銀子。問題是，這頂王冠的重量和他之前交給工人的金子的重量是一樣的，所以根本無從知曉工人有沒有往裡面摻雜銀子。

為了弄清楚這個問題，國王找來了阿基米德，請他幫忙解決。阿基米德為了解開這個難題，思考了很長時間，嘗試了很多方法，但是都沒能成功。有一天他去洗澡，當他坐進浴缸時，他發現水在往外邊溢，而且還感覺身體被輕輕地託了起來，他恍然大悟，終於想出了解決方法。最終他利用洗澡時發現的浮力原理完美地解決了國王提出的難題。

心理學家西爾維拉（Silveira J.）做過一個關於醞釀效應的實驗：

她讓參加實驗的志工解答一個關於項鍊的問題。每個志工面前都有四根小鏈子，每根小鏈子有三個環，開啟一個環需要 2 分錢，密合一個環需要 3 分錢。一開始所有的環都是密合的，志工需要將十二個環全部連在一起，但是花的錢最多不能超過 15 分錢。

研究人員要求他們分成三組，讓他們用不同的方法解決這個問題，並且要求解答這個問題的時間不能超過半小時。

結果，第一組中大約有 55% 的人在半小時內完成了該任務；第二組在完成該任務的中途又花了半小時做其他事，結果大約有 64% 的人按照要求完成了該任務；第三組在完成該任務的中途又花了四個小時去做其他事，結果大約有 85% 的人按照要求完成了該任務。

在實驗過程中，研究人員要求志工大聲說出解決問題的

過程，發現第二組、第三組志工做完其他事情再去解決項鍊問題時，並不會按照之前的解法去做，而是會採取全新的方法。這說明醞釀效應打破了解決問題時的不適用思路，促進了新思路的產生。

【心理學與生活】

在現實生活中，我們經常會遇到一些自己沒有辦法解決的難題，這些難題搞得我們筋疲力盡，卻依然解決不了。最後，我們只能先把難題放在一邊，去做其他事情。結果有一天，我們在做其他事情時突然大腦裡有了之前那個難題的答案或解決的思路與方法。這時我們就會非常高興，有種頓悟的感覺，而這種頓悟就是在醞釀效應的作用下產生。

醞釀效應在生活中的很多方面都有展現，比如，人們對苯分子結構的發現。

苯這種物質在西元 1825 年時就被發現了，但很長一段時間人們都不清楚它的結構。德國有一位名叫凱庫勒（August Kekulé）的化學家長時間研究苯分子的結構，可是他也一直沒有弄清楚苯分子中原子的結合方式，這個問題一直困擾著他。

西元 1864 年冬天的一個晚上，他在火爐邊看書，當時因為研究進行得不順利，他不得不暫時將其擱置，去想別的事

情，結果因為太困就睡著了。這時他做了一個化學史上非常有名的夢，由此解開了苯分子結構之謎。

在夢裡，那些原子組成了很長的隊伍，在他的眼前飛舞，而且不斷地發生變化。它們一點一點向他靠近，然後連線在一起，不斷地扭動、迴轉，就像蛇一樣，然後他看到這條「蛇」咬住了自己的尾巴，在他面前不斷地旋轉。這時他就好像遭受了電擊一樣，馬上就醒了。

他意識到自己發現了苯分子的結構，為了證實這個假設，他工作了一個晚上，結果證實苯分子的結構就是蛇形結構。

很明顯，凱庫勒之所以能發現苯分子結構，是醞釀效應在發揮作用。那為什麼會產生這樣的效應呢？

心理學家認為，這是因為人們在醞釀一件事的過程中其實存在著潛意識層面的推理，那些儲存在大腦裡的相關資訊會在潛意識裡進行組合。雖然我們表面上不去考慮這件事了，但其實潛意識裡還在自動思考，尋找它的答案。

而人們在休息時之所以會突然得到某個問題的答案，是因為人們消除了之前的緊張心理，忘記之前的錯誤思路，從而進入具有創造性的思維狀態。在這種狀態下，答案自然很快就會被想到。之前我們一直在考慮這個問題，只是因為思路不正確沒有想到答案而已，思路被糾正後，自然就想到答案了。

所以，當我們遇到一個自己無法解決的難題時，不要一條道走到黑，應該先將其擱置，去做一些其他的事，過一段時間後或許就能找到解決問題的方法。

醞釀效應又被稱為「直覺思維」，直覺是指某種大腦對於所觀察、研究對象中隱含的和諧性、整體性、次序性快速而又直接的洞察和領悟。它是突變型的創造性活動，經常會在人們對某個問題進行苦思冥想後，在完全預料不到的時間和地點突然發生，使人們在思維運動上有非常大的飛躍。

門得列夫（Dmitri Mendeleev）長時間研究化學元素的規律，有一次他提著行李準備上火車時突然冒出一個想法，於是就開始研究它，結果發現了元素週期律。

此外，醞釀效應沒有任何邏輯和規律可循，它往往會超越邏輯直接得出結論，而且我們根本沒有辦法解釋為什麼會得出這樣的結論。

刺蝟法則
—— 保持一定距離

【心理學詞典】

　　刺蝟法則告訴我們，在與人交往的過程中應該與他人保持適當的距離，這樣才能避免互相傷害。它源自西方的一個寓言故事，這則寓言講的是，寒冷的冬天兩隻刺蝟想要依偎在一起取暖，一開始由於靠得太近了，所以身上的刺把對方給刺傷了。後來牠們不斷調整姿勢，彼此之間拉開了一定的距離之後，不僅可以互相取暖，還能夠很好地保護自己。

【心理學實驗】

　　一位心理學家做過這樣一個實驗：

　　在一個剛開門的閱覽室裡，當裡面只有一位讀者時，心理學家會進去，並坐在該讀者的旁邊，就這樣試了八十次。結果，在只有兩位讀者的閱覽室裡，沒有一個人可以忍受一名陌生人緊貼著自己坐下。而且當心理學家來到他們身邊時，這些人並不知道這是在做實驗，所以大部分人都選擇一

聲不響地離開原來的座位，到別的地方去坐，有的人則乾脆問心理學家：「你想做什麼？」

這個實驗顯示，人與人之間必須保持一定的空間距離，每個人都需要有一個自我可以掌握的、屬於自己的空間。如果有人侵入了這個空間，那就會讓人覺得非常不舒服，甚至會憤怒。

【心理學與生活】

刺蝟法則告訴了我們一個很簡單的道理，那就是距離產生美。人與人之間在交往時如果能保持適當的距離，會有利於雙方關係的發展。如果不懂得保持適當的距離，那不僅不利於雙方關係的發展，還可能給彼此都帶來傷害。

這樣的例子在現實生活中有很多，比如，交往了很久的戀人經常發生矛盾或摩擦，彼此之間的關係反倒不如還不熟的時候。某人非常敬佩一個人，經常與其交流，結果了解得越多，兩個人的關係反而越不好。原本關係很好的朋友，最終反目成仇的例子也有很多，這都是因為不懂得保持距離所導致的。

而聰明的人在與人交往時都懂得保持距離，這能讓他們在人際交往中如魚得水，法國前總統戴高樂（Charles de Gaulle）就是這樣一位聰明人。

153

在戴高樂總統十多年的任期中，他的私人參謀部、祕書處和辦公廳等顧問或智囊團中的工作人員，沒有誰的工作時間是超過兩年的。他總是對每一位新上任的辦公室主任說：「我會用你兩年，就像人們不能以參謀部的工作當作自己的職業一樣，你也不能將做辦公室主任的工作當成自己一直做的職業。」

戴高樂之所以這麼做，一是因為他受到長時間的軍隊生活影響，他覺得調動是非常正常的，而固定才是不正常的，因為軍隊一直是流動的，根本沒有始終固定待在一個地方的軍隊。二是他不想讓身邊的工作人員或參謀人員變成「離不開」的人，他覺得如果身邊有了「離不開」的人，那自己在做決定時就會受到這些人的影響。而且如果有「離不開」的人，那就很有可能會有人利用政府與總統的名義為自己謀取利益。所以為了不讓這樣的人出現，就必須不斷地調動他們，而只有這樣才能與身邊的人保持距離，也就沒有誰是「離不開」的了。

奇異公司的前總裁斯通在實際工作中也能很好地運用刺蝟效應，尤其是在對待中高層主管時。在工作場合，他會對主管非常關愛，會很熱心地為他們解決問題。但是下班之後，他從來不會邀請任何一位員工到自己家做客，也從來不會接受任何一個員工的邀請。

那麼，我們在人際交往中如何保持適當的距離呢？要想解答這個問題，必須先了解人與人在交往時應該掌握的四種空間（心理）距離。這個概念是由著名人類學家愛德華・霍爾

(Edward T. Hall)進行劃分並提出的，它可以幫助我們更好地進行人際交往。

1・公眾距離

公眾距離是在進行公開演講時，演講者與聽眾所應該保持的距離，其範圍是 3.7 ～ 7.6 公尺，最遠則在 10 公尺以外。這是一個幾乎可以將所有人容納進來的開放空間，在這樣的空間裡，大家彼此之間不會發生任何關係，甚至還可以對處在此空間裡的其他人視而不見，不用和他們交流。

所以，發生在這個空間裡的交往，大多是當眾演講這一類的。如果演講者想和一名特定的聽眾說話，他就必須走下講臺，縮短兩個人之間的距離，只有這樣有效的溝通才能實現。

2・社交距離

社交距離的範圍是 1.2 ～ 2.1 公尺，我們在社交聚會或工作場合通常都是保持著這樣的距離。

3・個人距離

個人距離是人際交往中稍微有些分寸感的距離，其範圍是 46 ～ 76 公分。在這個距離內，人們之間的直接身體接觸

並不多，不過正好可以握手，並進行友好的交談。我們在與朋友和熟人相處時會保持這個距離。

4・親密距離

親密距離就是平常我們所說的「親密無間」，其範圍在 15 公分以內。在這樣的距離內兩個人可以發生肌膚接觸，甚至相互之間能感覺到彼此的體溫、氣味。親密距離的遠範圍是 15 ～ 44 公分，在這樣的距離內，兩個人彼此可以看清楚對方的眼神和表情，身體上的接觸可以表現為挽住手臂，拉著手，或促膝長談。

從交往情境來說，親密距離屬於私下情境，只在情感連繫非常密切的人之間使用，不會出現在社交場合。如果出現在社交場合，就會讓人覺得很不舒服。

人與人之間的距離是由交往雙方的人際關係及所處情境決定的。所以在人際交往中，我們首先應該根據自己與對方的關係及當時所處的情境決定該和對方保持怎樣的距離。

此外，我們在考慮人際交往中該與對方保持怎樣的距離才合適時，應注意以下幾個問題。

1・要對時間進行恰當的掌握

每個人每天都有很多事情要做，為了完成這些事會有一個時間安排。如果我們無端占用了他人的時間，就會打亂對

方對工作和生活做出的一些安排，這自然會引起對方的反感，不利於人際關係的發展。所以，在人際交往中盡量不要侵占他人的時間，就算是真的有事要說，也要選一個對方空閒的時間。

2‧要注意性格差異

通常來說，個性特別外向、活潑開朗的人比較能容忍他人的靠近，而且也願意主動接近別人，所以其自我空間比較小，在與他們來往時的距離比合適的人際距離稍微再近一點是沒有關係的。而性格內向或較為孤僻的人，對靠近自己的人則是非常敏感的，所以與他們交往時的距離一定要比合理的人際距離再稍微遠一點。

3‧要注意文化背景差異

每個國家和民族對「自我」的理解都不同，比如，阿拉伯人覺得自我只限於心靈，他們認為肉身只是一個寄存心靈的物體，只有精神和心靈才是真我。而北美地區人所理解的自我則包括皮膚、衣服，以及身體以外幾十公分的空間。所以，在人際交往中，北美地區的人經常受不了太熱情的人，而阿拉伯人則總是覺得對方太冷淡。因此，我們在與擁有不同文化背景的人打交道之前，一定要先了解一下其民族習慣，這樣才能避免引起對方的反感。

4・要有容納意識

所謂的容納意識，就是要包容和我們不一樣的人，尊重差異，容納個性和缺點，因為過分挑剔、容不得別人的人是不會有朋友的。

5・注意社會地位差異

通常來說，社會地位高的人大多會要求有一個更大一點的自我空間，所以不管我們與其是什麼關係，都應與其保持比一般人更遠一些的距離，因為過於親密的舉動在他們眼裡可能就意味著不尊重。

6・要尊重他人隱私

每個人都需要一定的自我空間，因此就算是最親密的關係，哪怕是夫妻，在相處過程中也應該給對方保留一定的心理空間。那如何給對方留下心理空間呢？其實很簡單，不要隨便打聽對方不願意告訴我們、不主動告訴我們的事，不要追問別人的祕密等等。此外，過度的自我暴露也是不妥當的，因為向對方靠得太近也會失去應該有的人際距離。

淬火效應
── 必要時要進行冷處理

【心理學詞典】

　　淬火原本是一種物理學現象，是指將金屬製品加熱到一定程度後要將其放入冷卻劑裡，這樣做能讓其效能變得更好、更穩定。

　　該現象在心理學與教育學中衍生出來的含義是：對那些經常受到表揚，頭腦已經有些發熱，有點忘乎所以的學生，要適當給他們設定一些障礙，對他們進行挫折教育，這樣的磨練會讓他們的心理變得更加成熟，心理承受能力也會更強一些。此外，對於那些比較麻煩的事或已經激化的矛盾，不要急著去解決，不妨先「放」一段時間，這樣會考慮得會更周全，想出來的辦法也會更穩妥一些。這就是心理學上的淬火效應。

【心理學與生活】

　　淬火效應在教育上得到了廣泛的應用，它又被稱為「冷處理」，這是相對於熱處理而言的。所謂熱處理，就是在教育

學生時要以正面教育為主，對犯了錯或存在某些問題的學生要動之以情，曉之以理。

當學生犯錯時要及時點明，並對他們進行教育，糾正他們的錯誤認知與行為，遏制負面行為的進一步發展，讓他們能夠健康成長。如果不及時進行批評教育，那很有可能使其產生「慣性」，在錯誤中越陷越深。

不過，老師在日常教學實踐中的很多時候運用熱處理並不能解決問題，比如，有些學生犯了錯誤被老師批評時不肯承認錯誤，而且老師批評得越強烈，他們的反抗心理就越嚴重，老師越不讓做什麼就越是要去做。所以，這樣的批評不僅不會有效果，還會適得其反。

這時就要對他們進行冷處理，具體來說是在充分掌握情況的基礎上，在比較長的一段時間裡不對其採取教育措施，不理會他們，讓他們得不到關注，時間長了他們就會自動改正錯誤。或等到老師和學生都心平氣和時，再和他們擺事實，講道理，讓他們知道錯誤行為的危害，自覺地改正錯誤。

此外，在下列情況下老師也應對事件進行冷處理。

有些學生自制力比較差，又缺少恆心，所以一些已經被改正的錯誤在過了一段時間後學生又會再犯，而且是多次反覆犯錯。對於這樣的學生，老師就要進行冷處理。因為很明

顯，反覆做出錯誤行為的學生，並不是透過一兩次的批評就能教育好的。所以，老師如果對其進行多次耐心的教育，但是仍然沒什麼效果時，最好的辦法就是表面上先疏遠其一段時間，還要表現出失望。

老師的冷漠與疏遠對那些內心渴望被關注的學生來說其實是最大的懲罰，時間長了他們就會期望得到老師的關愛，期待老師的批評，甚至會自覺改正之前的錯誤。這時再對其進行教育，效果自然會好很多。因此，在教育這樣的學生時一定不能著急，要多一點耐心。

有些學習很好的學生，平時習慣老師的稱讚和同學的羨慕，久而久之就會覺得自己很了不起，根本沒辦法聽進去他人的批評和建議，這對他們的成長會產生非常不利的影響。所以在日常教學中，老師要對那些各方面都很優秀的學生適當地設定一些「障礙」，或給他們出一些難題，或小小地打擊他們一下，在他們取得成績時也不要急著去稱讚他們，要將稱讚暫時放在心裡。這樣的冷處理有利於他們冷靜地意識到自身不足，對他們的成長有積極作用。

當學生之間發生衝突時，老師也需要對此進行冷處理。正確的做法是，不要急著弄清楚誰對誰錯，而是應該想辦法讓衝突雙方先冷靜下來，然後讓他們進行反思，等把情況弄清楚後，實事求是地批評犯了錯的人。需要注意的是，不能

和稀泥，也不能簡單地「各打五十大板」，這樣根本解決不了問題。

當家長之間發生衝突時，老師也應該對此進行冷處理，不要急著去判定對錯，要等家長們都冷靜下來後，再和他們一起心平氣和地商量解決問題的方法。

淬火效應在感情方面也有所展現：

一個星期前，張萌和老公為了春節該去誰家過年的事情吵了一架。當時張萌覺得平時過端午節、中秋節時都會去婆婆家，也沒時間回娘家，好不容易過年放假時間長一點，當然應該回娘家過年。

可是老公卻不同意，理由是老家的規矩是大年初一必須在自己家，到初二或初三才能回娘家。他們都覺得自己有道理，誰也沒能說服誰，一直僵持著。

不過他們沒有因為這件事繼續爭吵，而是決定先冷靜一週，好好考慮這件事。他們決定在這一週時間裡都不再提回誰家過年的事。利用這段時間，他們對這件事進行了冷靜的思考，都覺得自己沒有站在對方的角度上考慮問題。

於是一週結束，他們心平氣和地商量出一個兩個人都能接受的解決方案，那就是以後過年過節輪流在兩家過，輪到誰家就在誰家過。這件事解決後他們夫妻間的感情比之前更好了。

當情侶之間發生矛盾時請先不要急著弄清楚誰對誰錯，這只會讓矛盾激化，加劇衝突。正確的做法是，雙方先冷靜

一段時間，再去處理矛盾。很多時候當我們冷靜下來時，我們就會發現自己所糾結的一些問題根本就不是問題，這時矛盾自然就被解決了。而且隨著矛盾的解決，情侶之間的感情也能得到升溫。

在人際交往中，當我們遇到一些衝突事件時，我們也可以運用淬火效應進行處理。當我們與人發生衝突或矛盾時，通常我們的情緒都比較激動，沒辦法有效地對情緒進行控制。這時盡量不要讓自己做決定，而是應該想辦法讓自己先冷靜下來，過一段時間再解決眼前的問題。

人在衝動時很難做出一個較為理智的判斷，而冷靜一段時間後情緒就會變得平穩，理智又會占上風。這時我們才能慎重地思考各式各樣的可能性，在這種情況下做出的決定才是合理的。

在我們取得成績，非常得意時也要提醒自己注意淬火效應，要想辦法讓自己冷靜下來，清醒一點，為自己選擇一個新起點，制定一個新目標。只有這樣，我們才能不斷進步。

需要注意的是，不管是對別人還是對自己運用淬火效應，都要掌握好時機和具體的分寸。時機選擇得好，才不會弄巧成拙；分寸掌握得好，才不會傷到根本。

第三章

幫你獲得成功的心理學效應

糖果效應
—— 自控力越強越容易成功

【心理學詞典】

糖果效應也被稱為「延遲滿足效應」，原本是指從一個人兒童時期關於判斷、自控的小實驗中，可以預測出這個人長大之後的個性特徵。由此引申出的意思是，為了更大、更長遠的利益而自願延緩或乾脆放棄眼前或較小的滿足，而這是需要忍耐力或自控力的，也就是說自控力強的人更容易獲得更大的利益，也更容易成功。

【心理學實驗】

瑞士心理學家薩勒做過這樣一個有趣的實驗：

他對一群 4 歲的孩子說：「你們每個人面前的桌子上都放著兩顆糖果，如果誰能夠堅持二十分鐘，等我從外面買完東西回來，這兩塊糖就屬於你。但是如果有人不能堅持那麼長時間，那就只能得到一顆糖果。」說完他就出去了，不過他並沒有走，而是躲在一邊觀察孩子們的反應。

他看到，有大概 2/3 的孩子選擇等待二十分鐘，以得到那兩顆糖果，不過他們確實很難拒絕這樣的誘惑。因此有不少孩子乾脆眼睛一閉，選擇傻傻地等待；有的孩子則努力找事做，比如，唱歌、跳舞，反正就是不去看糖果；還有的孩子乾脆躺下來睡覺。而剩下 1/3 的孩子則沒能抵擋住誘惑，他們沒能堅持二十分鐘，就吃了一顆糖果，一些孩子甚至在薩勒剛走後，就拿起糖果放進嘴裡。

經過長達十二年的追蹤，薩勒發現，當初那些堅持二十分鐘的孩子都有著比較強的自控力，而且充滿自信，喜歡接受挑戰，處理問題的能力也比較強。而選擇吃一顆糖果的孩子，則大多表現為神經質、多疑、患得患失，無法面對挫折，自尊心很容易受傷等等。

而且在此後的跟蹤觀察中，研究人員也發現，當初那些有耐心的孩子在事業上更容易獲得成功。由此，研究人員得出這樣一個結論：小孩子的自控力和他長大後的個性特點是有密切關聯的。

【心理學與生活】

這個「糖果實驗」得出的結論並不是絕對的，因為研究人員選擇的孩子成長環境、家庭情況都有著很大的差別，而這些都是影響他們做出決定的重要因素。可是這個實驗卻向我

們揭示了一個值得深思的問題 —— 自控力、忍耐力與成敗的關係。很明顯，自控力越強的人能得到的利益就越大，獲得的榮譽就越高。換句話說，自控力越強我們就越容易成功。成功的前提是克制慾望，拒絕誘惑，而這一點並不是每個人都能做到的。

這樣的結論在現實生活中的很多方面都能得到印證。每個人都有過等公車的經歷，有時等了很久，自己想要坐的那輛公車都沒有來，來的都不是自己想要坐的。這時你就會胡思亂想，是不是塞車了？是不是半路車壞了？到底還要等多久啊？於是你越想越沒希望，越想越沉不住氣，此時正好有一輛空著的計程車開過來了，就想「乾脆坐計程車吧，等公車還不知道要等到甚麼時候，不在這裡浪費時間了」，於是就坐上了計程車。

可就在你坐上計程車的一剎那，你想要坐的那輛公車竟然開過來了。這時你心裡會懊惱，心想要是再忍耐一會，就不用花錢坐計程車了。這就是由於沒能抵擋住眼前的誘惑而損失了更大的利益。

職場上也一樣。每個人都希望自己能快點升職，不喜歡等待，可是當每一次的提升總是與自己無緣時，你心中就會充滿了委屈和不甘，於是就選擇辭職。只是每個人等待的時間不同而已，有的人是三個月，有的人是半年或一年，可是

辭職後你卻在偶然的情況下聽到當初和自己一起入職的同事已經高升，並且受到了重用。聽到這些你肯定會想，為什麼當時我不再多等幾個月呢？那現在被升職、受重用的不就是我了嗎？

其實，要想獲得更大的回報通常都需要等待更長的時間，而在等待的過程中我們會面對諸多的誘惑，這些誘惑會讓我們想要放棄等待，可見誘惑是自控力的天敵。要想成功抵擋誘惑，增強自控力，除了想辦法轉移注意力，還應該要做到以下幾點。

1 · 給自己一點甜頭

等待的過程是非常枯燥且痛苦的，而且有時看不到希望，所以要想激勵自己繼續等下去，就要給自己一點甜頭嚐嚐。你可以將自己要做的事劃分成若干部分或劃分成若干個小目標，每做完一部分或每完成一個小目標就小小地獎勵自己一下，可以是吃大餐，也可以是外出旅遊，這樣做就能給你繼續堅持下去的動力。

2 · 積極鍛鍊自己的意志

在日常工作中，很多事情都需要等待，比如，等待客戶，等待上司，等待升職，等待重要的機會等等。一個不擅長等待的人在等待的過程中會變得非常煩躁，甚至會導致什

麼工作都做不了，因此鍛鍊意志就成了一件非常重要的事。
那我們該如何鍛鍊意志呢？方法有很多，比如，當你遇到某
件需要等待或忍耐的事情時，可以不斷地對自己進行暗示，
透過這件事來磨練自己的意志。選擇一件自己期待或需要忍
耐的事情，然後每次都延長忍耐的時間，以此來鍛鍊自己的
意志。

3・面對誘惑時，要三思而後行

　　很多人遇到誘惑時都會頭腦發熱，其實只要我們給自己
幾分鐘的時間，讓自己冷靜下來，仔細地思考一下後果，也
就不會那麼容易被誘惑了。

4・保持穩定的情緒

　　如果情緒不穩定，自控力就無從談起。所以在情緒激動
時，要盡量穩定情緒，努力讓自己平靜下來。

習得性無助
—— 失去信心才是最可怕的

【心理學詞典】

習得性無助是指人或動物在接連不斷地受到挫折或打擊後，就會感到自己對一切都無能為力，會逐漸喪失信心，陷入一種無助的心理狀態中。該理論是美國心理學家賽里格曼（Martin Seligman）在 1967 年對動物進行實驗研究後提出的。

【心理學實驗】

1967 年，美國心理學家賽里格曼做了這樣一個實驗：

他把一隻狗關進籠子裡，並在上面裝了蜂鳴器，只要蜂鳴器一響，他就會按下開關，對狗實行其難以忍受的電擊，不過這種電擊是不會讓狗有生命危險的。關在籠子裡的狗沒有辦法逃避電擊，就瘋狂地跑著、叫著。如此重複多次之後，只要蜂鳴器一響起來，狗就會趴在地上一動也不動，默默地忍受電擊。隨後，他在電擊之前把籠門開啟，這時狗不但不跑，而且在還沒有被實施電擊時就會倒在地上呻吟和顫

抖。牠本來是可以逃走的，卻絕望地在那裡等待痛苦來臨，這說明牠對逃跑已經完全失去信心，這就是習得性無助。

　　1975 年，賽里格曼找了一些大學生做實驗，想要看看習得性無助是否會在人類身上產生。實驗是這樣的：

　　他將大學生劃分成三組，讓第一組大學生聽一種噪聲，他們不管怎麼做都沒辦法讓噪聲停止；第二組大學生也能聽到這種噪聲，不過他們經過一定的努力後是可以讓噪聲停止的；第三組大學生則不會聽到這種噪聲。

　　當三組大學生在各自設定的條件下進行了一段時間的實驗後，賽里格曼就開始讓他們接受另一個實驗。

　　他們使用的實驗裝置是一個「手指穿梭箱」，當他們將手指放在箱子一邊時就會聽到一種非常強烈的噪聲，而將手指放在另一邊時則聽不到噪聲。

　　最終的實驗結果顯示，在第一個實驗中能透過努力讓噪聲停止的大學生及從沒聽過噪聲的大學生，會很自然地把手指移到「手指穿梭箱」的另一邊，讓噪聲停止。而第一組大學生，也就是在第一個實驗中不管怎麼努力都不能讓噪聲停止的受試者，其手指會一直停留在原來的地方，任由噪聲繼續響下去，卻不會將手指移到箱子的另一邊。

【心理學與生活】 ∙∙∙∙∙∙∙∙∙∙∙∙∙∙∙∙∙∙∙∙∙∙∙∙∙∙∙∙∙∙∙

在日常生活中，我們留心觀察就會發現，如果一個人總是在一項工作或一件事情上失敗，那他就會失去完成這件事情或這項工作的信心，從而放棄努力，消極面對。甚至還會因此對自身產生懷疑，覺得自己什麼都做不好，無可救藥。

處於這種狀態中的人會逐漸喪失戰勝困難的勇氣，而且還非常依賴他人的幫助和建議。之所以會出現這些情況，就是因為他陷入了「習得性無助」的心理狀態，這樣的心理會讓人們將失敗歸結為自身不可變的因素，比如，失戀了就認為自己原本就讓人討厭，學習成績差是因為自己智力有問題。

造成習得性無助心理狀態的原因有很多，比如，生活狀況的改變、服用藥物或有過特殊的生活體驗等等。其中，最顯著的原因就是大環境的改變，比如，水災、旱災、飢餓、戰爭等都會導致習得性無助的出現。心理學家對「二戰」後納粹集中營裡倖存的猶太人進行研究後發現，他們普遍拒絕關心和鼓勵自己。

當今社會最容易造成習得性無助的環境是療養機構、孤兒院、精神病院，賽里格曼將無助感產生的過程分為四個階段。

(1) 在努力行動但是沒有結果的不可控狀態中，體驗著各種失敗與挫折。

(2) 在體驗的基礎上認知。這時人們會覺得自己的反應或行動與結果是沒有關係的，於是就會產生已經沒有辦法控制行為結果和外部事件的認知。

(3) 形成「將來的結果也不可控」的期待。「結果不可控」的認知會讓人們覺得自己對外部事件無所適從或無能為力，認為就算努力也不可能取得成功，這樣就會逐漸產生無助感。

(4) 表現為動機、認知與情緒被損害，會嚴重影響之後的學習、生活與工作。

習得性無助對我們的影響非常大，展現在生活的各方面。孩子最開始對世界是充滿好奇的，所以什麼都想要嘗試一下，當他們可以控制自己的動作時就喜歡到處爬、到處摸，也從不會害怕。不過很多孩子在進行各種嘗試時都會被家長阻攔，動輒就是「不許做」、「危險，快過來」、「這個你做不好」等。時間長了，孩子就會變得不自信，因為他不知道自己如果做了，大人是不是又該大聲地對自己說「不」，甚至遭到大人的訓斥。就這樣，他變成了一位絕對聽話的乖孩子，可是自卑的種子卻深深地埋在心裡。

一個學生如果一次次的考試都不及格，慢慢地，他就會對學習失去信心，學習時漫不經心，對學習失去興趣，和同學相處時也自卑、多疑，覺得自己是不受歡迎的，所以與同

學的關係會變得日益疏遠。他們認為自己永遠是一名失敗者，還很固執，他人的意見和建議根本聽不進去，並且會以非常消極的方式重複不變地對待學習上遇到的問題，一遇到困難就放棄。此外，由於他們懷疑自己的能力，所以經常產生強烈的焦慮感，身心健康也會受到損害。

老師不恰當的評價方式也會讓學生產生習得性無助。比如，當一位學生發現自己沒有辦法順利完成一項學習任務而經常被老師和同學嘲笑時，他就會變得焦慮，害怕探索未知事物和參加集體活動。而且如果有人監督他去完成一件事，他會更加不安且沒有信心，完成任務也變得非常困難。經歷一系列的失敗後，他們會覺得自己是沒有能力的，不願意為完成學習任務而努力。

那麼，我們該如何消除習得性無助呢？

第一，如果你經歷過比較重大的創傷應激性事件，或擔心自己得了憂鬱症，就應該尋求專業人士的診斷和幫助。

第二，當我們面對巨大危機時，我們有可能會自動走出習得性無助的陷阱，這是因為我們為了生存下去，內心會激發出巨大的潛能，而且還會相信過去根本不會相信的事。

第三，要對自己的歸因模式進行檢查，看看究竟是不是自己的問題而導致失敗的，是不是自己將困難誇大了。此外，不要輕易對自己說「不可能」，應該多給自己嘗試的機會。

第四，有時讓我們無助的僅僅是無助本身，壓倒我們的往往是一種抽象的感覺。所以，當你感覺很無助、很糟糕時，你不妨想一下你究竟遇到了什麼讓自己感覺很糟糕的事情，在這樣的情況下你還能做些什麼。

第五，先積極完成眼前的任務，在獲得一些小進步或取得一點成績後，要用它們來激勵自己，及時慶祝獲得的每一個微小勝利，真切地體會到「自己真的可以做到一些事情」。這本身就是一種巨大的鼓舞。

布里丹效應
—— 猶豫不決害死人

【心理學詞典】••••••••••••••••••••••••

布里丹效應是指一個人在決策過程中所表現出猶豫不決、遲疑不定的現象，以及由此造成的消極後果。

【心理學故事】••••••••••••••••••••••••

布里丹效應源自哲學家布里丹（Jean Buridan）講的一則故事：

布里丹養了一頭毛驢，他每天都要向住在附近的農民買一堆草料來餵毛驢。這天，農民出於對他的尊敬，在送草料時多送了一堆完全相同的草料放在旁邊。可是這麼一來，毛驢犯難了，牠站在完全相同的兩堆草料中間，不知道該選擇哪一堆草料。雖然牠有選擇的自由，但是由於兩堆草料是相同的，牠根本沒有辦法分辨出哪個更好。

所以牠猶豫了起來，遲遲不能做出選擇，越猶豫越沒法做決定，最後活活把自己給餓死了。

【心理學與生活】

　　毛驢餓死的根本原因是牠什麼東西都不想放棄，不知道該如何做出決策和取捨。魚與熊掌不可兼得，有時我們選擇一個選項就必然會放棄另一個，世界上不存在兩全其美的事。可是對於如此簡單的道理，還是有那麼多人不懂，還是有那麼多人去違背，魚也想要，熊掌也想要，結果什麼都得不到。此外，什麼都想要的人表面上好像是在追求完美，可實際上卻錯失良機，這才是最大的不完美。

　　我們每天都要面臨很多選擇，而我們所做出的選擇對我們會產生很大的影響，所以我們都希望做出最佳選擇。面臨選擇時，我們會很慎重，會反覆權衡、斟酌，甚至猶豫不決。可是很多事情都不能等太久，沒有足夠的時間讓我們進行反覆思考，如果長時間無法做出決定，那機會就會消失，我們就什麼都得不到。這便是要求我們在面對一些比較緊急的事情時，必須在短時間內做出決定，猶豫不決只會一無所獲，甚至是讓事情變得更糟糕，因為有些事不是我們不選擇就不會發生。

　　生活中有很多人因為在需要做出決定時總是猶豫不決，從而錯失了成功的機會。

　　有一位大學生面試了很多公司，最終有兩家條件相當的公司給他發來了錄用通知，可是他無法決定究竟去哪家公司

上班，因為他覺得這兩家公司各有各的優勢，一個都不想放棄。他想要好好思考，做出最佳選擇，可是他越考慮發現問題越多，一直沒辦法做出決定，最終他錯過了兩家公司給出的最後入職時間，他一家都沒能去成，追悔莫及。

有一個男生身邊有兩個女孩都對他有好感，他對這兩個女孩也都很喜歡，可是他很清楚自己只能從兩個女孩中選擇一個做女友。他實在是不想放棄任何一個，所以就一直拖著不做決定，弄得三個人都很痛苦。結果那兩個女孩因為實在等不下去，就都離開了他。

很多時候我們只有及時抓住機會、做出決定，並且付出努力，才有可能會成功。那麼，我們該如何避免在做決策時猶豫不決呢？

1·要進行獨立思考

當你面臨決策時要獨立思考，不要被別人的觀點左右，要有意識地拒絕他人影響，做自己認定的事。

2·嚴格執行事先定好的規則

有的人在做決定之前明明已經制定好一套必須遵循的規則，可是到真正面臨選擇時就忘得一乾二淨，這是因為一旦牽扯到切身利益，人們就很難下決心執行。比如，有的人炒股票，事先定好漲到某一個點之後就一定要將手上的股票賣

掉，可是當他看到所買的股票不斷上漲之後，他就想再等等，肯定還會漲，結果很有可能等來的並不是上漲而是下跌，就這樣原本可以賺錢的卻賠錢了。所以一定要嚴格執行事先制定好的規則，你如果執行不了，就找個人幫你執行。

此外，在做一件事情之前我們還應該制定一個合理的目標，一旦實現了這個目標就馬上做出決策。比如，你給自己訂立的目標是在某一個專案上賺 10 萬元就收手，當你投資的這個專案讓你賺了 10 萬元時，你就應該馬上從這個專案裡撤出，別再投資，別再追求更大的利益。因為既然會賺錢就有可能會賠錢，繼續投資下去就存在賠錢的可能，所以當你實現自己的利潤目標後及時退出，才是最穩妥的決定。

3・要勇於接受失敗

很多人之所以在做決策時猶豫不決，是因為擔心遭遇失敗，認為不做決定就不會失敗，一旦做出決定就有失敗的可能。人要勇敢地接受失敗，要告訴自己失敗沒什麼大不了的，而且很多時候如果不及時做出決定，那就一定會失敗。所以還是要及時做出決定，就算錯了，也累積了經驗教訓，這樣距離成功就又更近一步了。

4·要相信直覺

當面對兩難的選擇時，你可以適當相信直覺，直覺告訴你哪個是對的，就選擇哪個，因為很多時候直覺是大量知識與經過驗證的事實結合，所以依靠直覺做出決定還是有據可循的。此外，相信直覺還有一個好處，那就是如果做錯了，你也可以拿直覺當「代罪羔羊」，這樣你就不會進行過多的自我批評。

5·對需求進行排序

我們總是有很多需求，感到零亂時你可以對這些需求進行排序，把最迫切需要滿足的需求挑出來，在面臨選擇時要優先滿足第一需求，也就是要選擇對自己最重要的、最有用的。

瓦倫達效應
—— 越是擔心就越容易失敗

【心理學詞典】

心理學家將一種為了達到某種目的而總是患得患失的心態稱為「瓦倫達效應」。

【心理學故事】

瓦倫達效應源自這樣一個真實的故事：

卡爾·瓦倫達（Karl Wallenda）是美國著名的鋼索表演藝術家，他的表演精彩又穩健，從來沒有出過事故。1978 年，他所在的表演團派他到波多黎各為一些知名人士表演，並且告訴他這次表演非常重要，還會進行現場直播。所以瓦倫達非常在意這次表演，他從演出的前幾天就開始對每一個動作、每一個細節進行反覆思索。

等到演出那一天，為了讓表演獲得最佳效果，他沒有用安全繩，因為以往多年的成功經驗告訴他，這次一定不會出錯。可意外發生了，他走到鋼索中間，只做了兩個低難度的

動作後就從 10 公尺的高空摔下來，當場死亡。

從來都沒有出過錯的他，這次怎麼會出現致命的失誤呢？這一點可以從他妻子的話中找到答案。

這件事過後，他的妻子回憶說：「我就知道這次一定會出事，因為他在出場前不斷地說：『這次太重要了，不可以失敗』。以前他在進行每一次成功的表演之前，想的都是走好鋼索這一件事，不去理會別的東西。可是這一次不一樣，卡爾太想成功了，考慮太多表演以外的事，太患得患失了。如果他不想那麼多走鋼索以外的事，他是絕對不會出意外的。」

【心理學與生活】 ●●●●●●●●●●●●●●●●●●●●●●

史丹佛大學的一項研究證實，大腦的某一個影像會像實際情況那樣對我們的神經系統造成刺激。當一個人在面對一群人說話時反覆地告訴自己：「不要緊張，不要緊張」，其大腦裡就會出現自己在說話時結結巴巴、語無倫次的畫面，於是他在說話時果真就會前言不搭後語。

這項研究從側面證實了瓦倫達效應的存在，人越告訴自己不要緊張，就越會緊張。之所以會出現這種情況，其實是暗示在發揮作用。當一個人反覆告訴自己不要緊張時，實際上就是在暗示自己，而且這種暗示真的也發生了作用，只不過這時他的暗示是沒有價值判斷和選擇的，他也自動過濾掉了副詞、動

詞，剩下的只是「緊張」，結果真的導致這個人變得緊張。

生活中隨處可見瓦倫達效應的影響，比如，一個人非常在意一次重要的考試，所以他在考試前一直複習到半夜兩、三點，把該看的都看了。結果第二天考試時因為太緊張，他忘記了很多學習內容，沒有通過這次考試。

再比如，有的運動員平時訓練時成績都不錯，可是一到重大比賽就發揮失常，最重要的原因就是太緊張、太想贏，想了太多比賽之外的事情。

那麼，我們該如何避免發生瓦倫達效應呢？

1・要專注於事情本身，還要看淡結果

我們在做一件事時要專注於做事的過程，除了這件事，不要考慮別的。此外，對於這件事的最終結果，我們也要以平常心看待，成功了不驕傲，不成功也能坦然接受，這樣我們就能做到坦然面對每一件事。

此外，專心於事情本身，不僅能讓我們保持穩定的心理狀態，也有利於我們培養健康積極的生活習慣和思維習慣。

2・熟能生巧

要想做好一項工作，很多時候要依靠經驗與技能。經驗與技能累積得越多，做好工作的機率就越大。所以在日常學

習與工作中要時刻進行有意識的練習，要把陌生的操作變成熟練的操作，再把熟練的操作變成下意識的行為，這樣就可以大量節省思考的時間和精力。

3‧做事過程中要避免被干擾

工作時如果有人從身邊經過；或者同事在聊天；再或者正忙著的時候忽然手機響了，有人給你發了一條訊息等等，這些對你來說都是干擾，都會讓你無法集中注意力做事。所以我們要想辦法避免工作過程中出現的種種干擾，給自己創造一個安靜的工作環境。

青蛙效應
—— 要適當地給自己增加壓力

【心理學詞典】

　　青蛙效應也被稱為「煮蛙效應」、「溫水煮蛙效應」等，源自美國康乃爾大學一次著名的「青蛙實驗」。說的是做人要居安思危，一個人如果一直沉溺於安逸的、沒有變化的生活，就會忽視周圍環境的改變，一旦危機到來時就毫無應對能力，只能坐以待斃。

【心理學實驗】

　　19世紀末，美國康乃爾大學做過一次著名的「青蛙實驗」。研究人員將一隻青蛙放到一口小鍋裡，鍋裡的水已經煮到沸騰了，此時青蛙剛被丟進去就馬上跳了出來。後來，研究人員又把青蛙放到一口裝滿冷水的小鍋裡，這時牠非常舒服地游動著。隨後研究人員開始用小火慢慢燒著鍋裡的水。這時青蛙雖然感覺到溫度的變化，但是這點變化對牠並沒有造成強烈的刺激，所以牠沒有馬上跳出去。後來水的溫度慢

慢升高，直到牠難以忍受，可這時牠已經失去了逃生能力。

事後，研究人員分析認為，青蛙第一次之所以能成功逃離，是因為牠受到沸水的強烈刺激，於是便用盡全力逃出來。第二次因為刺激並不明顯，所以牠失去了警惕性，喪失了危機意識，可是當危機真正來臨時，牠已經沒有能力逃生了。

【心理學與生活】

青蛙效應告訴我們一個很簡單的道理──「生於憂患，死於安樂」。青蛙效應在現實生活中的很多方面都有所展現，並且帶給了我們一些深刻的啟示。

在企業管理方面，那些能在激烈的市場競爭中生存下來，並且發展很好的企業一定都有著強烈的危機意識，時刻居安思危，比如，比爾‧蓋茲（Bill Gates）有一句名言：「微軟離破產永遠只有十八個月。」華為公司研究「失敗危機」，研究「如何活下去」，可口可樂公司施行「末日管理」等等。

青蛙效應帶給企業的啟示是，企業所面臨的競爭環境的改變大都是漸進式的，管理者與員工如果對環境的變化缺乏明顯的「疼痛感」，那麼就會像那隻被煮熟的青蛙，被淘汰了都不自知。所以企業要想獲得長遠的發展，就不能沉溺於過去的勝利，忽視危機和失敗的逼近。正確的做法是保持警

惕，適當地宣揚危機意識。首先，企業的最高管理層要具備危機意識，這樣企業才不會在重大策略問題上迷失方向。其次，公司所有員工也應具有危機意識，把危機管理落實到每位員工的實際行動中。

管理者還要適當地給自己及員工施加壓力，這樣才能讓放慢腳步的人加快腳步，讓身處危機卻不自知的人清醒，才能不斷獲得進步，不斷實現自我超越。

同樣地，在社會中生活的個人也是這樣，雖說大環境的改變可以影響一個人的成敗，可是平時我們難以察覺到大環境的變化，所以必須多學習，並積極做出改變，不要長時間沉溺於一種固定的生活環境，這樣才能在大環境發生改變時快速做出反應。此外，要想察覺到趨勢的一點小的改變，就必須靜下心來從不同的角度進行觀察與思考。

青蛙效應在生態環境方面也有非常明顯的展現。現在大家都知道生態環境對人類生存發展非常重要，可是一涉及具體問題人們就會變得麻木，主要是因為很多人覺得一點點問題並不會對整體環境造成多大影響。可是就是因為問題被這樣一點點地堆積，最終導致現在的環境問題層出不窮，而且已經影響到人類的生活，比如，霧霾、水土流失、全球暖化等。這些問題也不是憑空出現的，環境也不是突然惡化的，都是一點點地慢慢改變。所以我們應該重視這「一點點」的小

問題，要珍愛自然，積極保護生態環境。如果不重視微弱的
變化，那麼當有一天我們賴以生存的自然環境徹底惡化時，
人類就會像那隻被煮熟的青蛙一樣大難臨頭。

破窗效應
── 不要容忍壞現象的存在

【心理學詞典】

　　破窗效應是犯罪心理學上的理論，該理論由詹姆斯·威爾遜（James Q. Wilson）和喬治·凱林（George L. Kelling）提出，是指如果放任環境中的那些不良現象存在，就會誘導人們去效仿，讓情況變得更糟糕。

　　他們在論證該理論時以一座有個別破窗的建築物為例，提出如果那些窗戶沒有及時被修理好，那麼就很有可能會有更多的窗戶被破壞掉。

【心理學實驗】

　　心理學家津巴多在 1969 年時做過這樣一個實驗：

　　他找了兩輛完全一樣的汽車，然後將其中一輛車停放在加州的一個中產階級社區，將另一輛車停放在相對來說比較混亂的紐約州布朗克斯區。他把停在布朗克斯區的那輛車車牌拆掉，車頂天窗也被他開啟，結果車放到那裡的第一天就

被偷走了。而放在加州中產階級社區的那輛車，整整一週都沒有人答理。後來，津巴多拿錘子把那輛車的車窗敲了一個大洞，結果只過幾個小時，車就找不到了。

詹姆斯·威爾遜和喬治·凱林正是在這個實驗的基礎上進行了相關研究，並提出了破窗效應。

【心理學與生活】

破窗效應在生活中的很多方面都有展現，一面乾淨的牆上出現了一些塗鴉，如果這些塗鴉沒有被及時清理掉，那麼很快牆上就會被畫滿亂七八糟的東西。

如果一條街道的角落有一點點垃圾沒能被及時清理掉，那麼很快就會有更多的垃圾，最終這個角落就會堆滿垃圾，從而淪落成一個垃圾場。

有的上司對員工違反公司規章制度的行為不以為然，結果導致類似的行為再次，甚至多次重複發生，最終企業可能會因此出現重大問題。有家公司規定員工上班必須佩戴員工證，不佩戴的員工每次要被罰款 20 元。一開始全公司只有一兩名員工沒有按規定做，管理者並沒重視這件事，也沒罰他們錢。一個月後全公司有一半的員工上班都不佩戴員工證。

那麼，為什麼會發生破窗效應呢？這是因為我們生活的環境會以非常強烈的暗示性與誘導性對我們產生重要的影

響，一旦環境中原有的秩序遭到破壞，那麼一系列違反秩序的事情就會接連出現。在乾淨的地方，我們是不會亂丟垃圾的；但是到了一個髒亂的地方，我們就會受到暗示，覺得在這樣的地方亂丟垃圾是很正常的，因此我們在這裡丟垃圾時完全沒有心理負擔。

社會上任何一種不良現象都會傳遞一種訊號，這樣的訊號會導致不良現象的無限擴散。

此外，當破壞秩序的行為出現時，如果它沒有及時地被制止，那麼就會有更多的人去效仿。因此，我們必須高度警惕那些看起來輕微的、偶然的、個別的「過錯」，只要發現，一定要馬上制止或改正，因為如果我們對這些過錯不聞不問，就會讓問題變得越嚴重，直到不可收拾。

德西效應
—— 獎勵不一定都有用

【心理學詞典】 •••••••••••••••••••••

德西效應是心理學家德西（Edward L. Deci）提出的，是指適度的獎勵有利於鞏固個體對工作的內在動機，但過多的獎勵也很有可能會降低個體對工作本身的興趣，降低其內在的動機。獎勵並不一定都會產生作用，而且獎勵也不是越多越好。

【心理學實驗】 •••••••••••••••••••••

1971 年，心理學家愛德華·德西做過一個這樣的實驗：

他找了一些大學生，將他們分成兩組，讓他們去做一些有趣的智力題。在該實驗的第一階段，所有的大學生解題之後都沒有獲得獎勵；第二階段中甲組的大學生每解一道難題，就能得到 1 美元的獎勵，而乙組的大學生沒有獎勵；第三階段是每位大學生想做什麼就做什麼的自由時間，研究人員認真觀察了大學生是不是仍然在做題，以此來判斷大學生對解

題的興趣。

　　結果發現，沒有被獎勵的乙組大學生要比有獎勵的甲組大學生花更多的休息時間去解題。這說明甲組大學生解題的興趣下降得很快，而沒有得到獎勵的乙組大學生在進入第三階段後仍然能對解題保持較大的興趣。

　　德西認為該實驗證明了這樣一個道理：當一個人進行一項愉快的活動時，別人給他提供獎勵，反而會減少這項活動對他的內在吸引力。

【心理學與生活】

　　德西效應帶給我們很多有益的啟示，我們在生活中的很多方面如果能夠對該效應進行正確運用，就會收到良好的效果。

　　比如，在教育方面，家長和老師都要特別重視孩子對學習興趣的培養，引導孩子樹立遠大的理想，增進孩子對學習的興趣。而在孩子還沒有形成自發內在的學習動機，或還沒有對學習產生興趣時，就要從外界對他們進行獎勵，以推進孩子的學習活動。

　　不過，家長和老師該如何正確地對孩子進行獎勵呢？物質獎勵對孩子的學習有利，比如，書籍、體育器材、與學習有關的物品，這些東西對孩子的身心健康有利。最好不要用

錢或是其他貴重物品去獎勵孩子，比如手機，這會讓孩子認為學習就是為了錢或為了得到一些貴重物品，時間久了孩子就會過分看重物質的獲取，不管是學習還是做事都變成了一種有償行為，而不是自發行為。這樣做還很容易讓孩子彼此之間攀比、炫耀，如此一來，獎勵就會造成反作用。

此外，物質獎勵也無法讓孩子長時間保持對學習的熱情與興趣，而且得到獎勵的孩子畢竟是少數。這會讓那些沒有得到獎勵的孩子不滿，甚至產生反抗心理，導致他們對任何獎勵都無動於衷。

還有一點需要特別注意，那就是家長和老師在承諾鼓勵孩子後一定要說到做到，不能欺騙孩子，而且承諾過獎勵是什麼就要給予什麼，不能用其他東西代替，否則這不僅會讓孩子失望，還會嚴重降低他們的學習興趣。

家長和老師要做的是盡最大努力讓孩子自己去發現興趣的泉源，讓他們感到自己在這種發現中付出了勞動並獲得了進步。如果孩子已經對學習產生了濃厚的興趣，那就不要再對其進行物質獎勵。此時的獎勵不但多此一舉，而且很有可能會產生相反的效果。

在企業管理中，管理者在對員工進行鼓勵時也要注意德西效應的影響。管理者應該在員工獎勵上多下點功夫，研究一下怎麼做才能讓員工發自內心地對工作產生興趣，讓員工

在工作中保有持久的動力。一個成功的管理者應該注意、發現每一位員工身上潛藏的優點，並且要在適當的場合對員工進行恰如其分的獎勵。不過獎勵或表揚應該是有限度的，並且管理者要在平時的工作中隨時對員工進行表揚或獎勵，只有這樣才能讓員工將應承擔的義務看作「必須做的」、「應該做的」，他們才能一直保持積極主動，才會努力把工作做好。

吉格勒定理
—— 爲自己設定一個高目標

【心理學詞典】 ∙∙∙∙∙∙∙∙∙∙∙∙∙∙∙∙∙∙∙∙∙∙∙∙∙∙∙∙∙∙

吉格勒定理是由美國行為學家吉格·吉格勒（J. Giegler）提出的，是指設定了一個高目標就等於已經實現了目標的一部分。

【心理學實驗】 ∙∙∙∙∙∙∙∙∙∙∙∙∙∙∙∙∙∙∙∙∙∙∙∙∙∙∙∙∙∙

一位心理學家做過這樣一個實驗：

研究人員對哈佛大學即將畢業的一批畢業生進行人生目標跟蹤調查，在調查中研究人員發現，這些畢業生中有 3% 的人曾設立過遠大的目標；10% 的人有著明確短期目標；60% 的人對目標並沒有清晰的概念，只想過好眼前的生活；27% 的人抱著隨遇而安的生活態度，並沒有設立目標。

二十年後，研究人員發現，當初那些樹立遠大目標的人，已經順利完成了既定目標，並且成為社會上最成功的人；有著明確短期目標的人雖然並沒有取得優秀的成績，但也成

了社會上層人士；只想過好眼前生活的人雖然沒有進入上層社會，但是在中下層也算是過著比較穩定的生活；而剩下完全沒有目標、隨遇而安的人則一直處於社會底層，生活條件很差。

【心理學與生活】

當今社會很多人之所以沒能成功，並不是因為他們沒有智慧，也不是因為他們運氣不好，最根本的原因是他們缺少排除困難、走向成功的動力，不敢為自己設立一個遠大的奮鬥目標，沒有目標自然就沒有努力的方向和動力，也就不會獲得成功。所以，我們要想成功就必須先設定一個高目標，設定高目標這就已經向成功邁出了重要的一步。

汽車大王亨利·福特（Henry Ford）12 歲和父親一起坐馬車去城裡時，偶然看到了一輛用蒸汽做動力的車子。他覺得非常新奇，而且他覺得既然汽車可以用蒸汽做動力，那麼也應該能用汽油做動力，於是他下決心一定要試試。

雖然這個夢想對當時的他來說有點太過遙遠，但是那時他就以「十年內造出一輛以汽油做動力的車子」為目標。當時他對父親說自己不想留在農場做一輩子的農民，他要做發明家。

後來他離開老家到底特律闖蕩，他的第一份工作是機械

學徒，這份工作讓他對機械有了深入的認知。在繁忙的工作之餘，他一刻都沒忘記最初的夢想。每天下班後，他仍然會精神百倍地投入研發工作。

在 29 歲那一年，他終於成功了，在試車大會上，有一個記者問他：

「你成功的要訣是什麼？」他想了一下，回答說：「因為我有遠大的目標。」

美國伯利恆鋼鐵公司的創始人施瓦布（Charles Michael Schwab）出生在美國的一個小鄉村，他小時候沒讀過什麼書。儘管這樣，他不但一點都不悲觀，反而非常積極地尋找機遇，他堅信自己是做大事的人。

18 歲那一年，他來到一個建築工地打工，從他到建築工地的第一天起，他就下定決心要做同事中最出色的那個。因此當其他同事都在抱怨薪資低、工作又很辛苦時，他卻在默默地累積著工作經驗，並且還自學了很多建築方面的知識。

有一天晚上，同事們都在閒聊時，只有他在旁邊靜靜地看書。這時到工地做檢查的公司經理看到他在看書，便了解了一下他的情況。第二天經理就把他叫到辦公室，問他：「你學那些東西做什麼？」他回答說：「我覺得公司缺少的並不是在工地做工的人，缺的是既有工作經驗又掌握專業技術的技術人員或管理人員，您說對嗎？」經理很認可他的話。沒

過多久，他就被升為技師。這時有人諷刺挖苦他，他就說：「我來這裡工作並不只是為了賺錢，所以我並不只是為上司工作，我是在為夢想和前途工作。我要讓自己創造的價值遠遠超過自己所得到的薪資，只有這樣我才能得到重用，才能距離夢想更近一步。」

就這樣，在夢想的激勵下，他一步步升到了總公司的職位，並在 25 歲那一年做了這家建築公司的總經理，後來建立了伯利恆鋼鐵公司。

從亨利·福特和施瓦布的經歷可以看出，一個高目標對成功的重要性。如果我們一開始就制定一個高目標，那就表示一開始我們就很清楚自己要走一條怎樣的路，很清楚目的地究竟在哪裡。這樣我們就不會走彎路，就不會做無用功，每前進一步就離成功更近了一步。

一開始心裡就有一個高目標，會讓我們逐漸養成良好的工作習慣，並且能讓我們對所遇到的事都能做出理性判斷。與此同時，我們的眼界也會與眾不同。

相反，如果一個人沒有一個遠大的目標，就沒有努力的方向，就會不思進取，成功更無從談起。所以，成功的祕訣就是樹立一個高目標，然後努力朝著目標前進。

蘑菇定律
── 不經歷風雨怎麼見彩虹

【心理學詞典】

　　蘑菇定律是 1970 年代一批年輕的電腦程式設計師總結出來的。其原意是：那些長在陰暗角落裡的蘑菇因為沒辦法得到足夠的陽光及肥料，所以長時間處於無人理睬、自生自滅的境況中。只有當它們長得足夠高、足夠壯時，它們才會得到人們的關注，可這時它們已經可以獨自承受雨露和陽光了。

　　後來心理學家將該定律引入心理學範疇，對其含義進行了引申與概括：任何一個人的成長過程都注定會經歷不同程度的磨難，只有戰勝磨難才能獲得成功，贏得鮮花和掌聲。

【心理學與生活】

　　蘑菇定律較多表現在職場上。一位剛開始工作的人來到一間公司後，通常都會像「蘑菇」一樣被安排到一些不被重視的部門，或被安排去做一些無關緊要的工作，如打雜、跑

201

腿。此外，他們還經常遭受他人毫無理由的批評與指責，有時甚至需要替上司「背黑鍋」，而且根本得不到一些必要的提攜與指導，就那樣可憐地待在角落裡，無人問津。

在這樣的情況下，職場新人應該怎麼辦呢？辭職，不停地換工作，還是積極面對，努力奮鬥，快一點走出最初的「蘑菇期」呢？在回答這個問題之前，讓我們先來看下面這個故事。

惠普公司的前執行長卡莉‧費奧莉娜（Carly Fiorina）從史丹佛大學的法學院畢業後，所做的第一份工作是電話接線員，她每天做的就是複印、打字、收發、整理檔案等雜活。當時她的家人和朋友都對她的工作不滿意，認為一位名牌大學的畢業生不應該去做這些雜活。可是她卻一點怨言也沒有，繼續一邊努力工作一邊學習。

終於有一天，公司的經紀人問她能不能幫忙寫一點文稿，她答應了，就是這一次寫文稿的機會改變了她的一生。

很多成功的人都擁有和卡莉‧費奧莉娜一樣的經歷，從他們的經歷中我們可以總結出，每一位成功之人在成功之前都會經歷一段時間的「蘑菇期」，都需要經歷一段時間的磨練。這種磨練包括各種困難與考驗，只有經受住考驗的人才有希望獲得成功，而且這對日後成功有著非常重要的積極作用。

為什麼有的人能承受得起磨練，而有的人卻承受不起呢？其中最關鍵的因素就是信念。有信念的人總是滿懷希望，他們對未來充滿信心，堅信自己總有一天會成功，會像

最終成長起來的蘑菇一樣贏得陽光。

下面，我們來了解一下「蘑菇期」的積極作用。

1·避免取得一點成績就驕傲

有很多剛開始工作的人做出一點成績就驕傲自滿，想要得到上司和同事的讚賞，但並不是所有成績都會被大家看在眼裡。此時，你要沉下心來，腳踏實地，只有這樣才能取得更好的成績。

2·有助於消除不切實際的幻想

很多畢業生剛走出校園時，都覺得以自己的才能一定會在工作中得到重用，一定能拿高薪。可現實是很殘酷的，缺乏工作經驗的他們在找工作時就會遭受各種打擊，開始工作後又會發現根本就沒人重視自己，而且工作辛苦，薪資也不高，完全不是自己先前所幻想的樣子。因此這些磨練有助於剛開始工作的人消除各種不切實際的幻想，耐心地接受現實，老老實實地工作，只有這樣才能獲得成長與進步。

3·可以加快職場新人適應社會的過程

艱苦的工作環境是最能鍛鍊人的，職場新人只有熬過痛苦的「蘑菇期」，才能適應職場的行為模式和遊戲規則，才能更快地走向成功。

那麼，我們該如何做才能盡快地度過痛苦的「蘑菇期」呢？

1‧努力工作，把小事做好

剛剛開始工作的人所做的通常都是些瑣碎工作，但不能因為事情小就隨便應付、敷衍，因為這樣只會讓上司覺得你連小事都做不好。所以一定不能輕視小事，而是要盡心盡力將小事做好，只有將小事做好了才有機會做大事。

此外，要將心態調整好，保持耐心、細心，老實做人，踏實做事，對工作充滿熱情。

2‧努力累積人脈

剛開始工作時，不了解公司內部的人際關係，最聰明的做法是少說話，多做事，還要多聽聽別人是怎麼說的，避免捲入是非之中。同時與同事交往時要做到誠信、謙虛，並且要講究方法和技巧，一點點地為自己累積足夠的人脈。因為人脈也是生產力，它會在關鍵時刻助我們一臂之力。

3‧要學會適應環境

如果你處在一個自己並不滿意的公司或職位上，做著無聊的工作，你首先要做的是靜下心來適應新環境。如果不能適應環境，那麼一切都將無從談起。

4・不斷學習，勇於表現

開始工作後，你會發現要學的東西有很多，如果不學習，那你可能很快就會被淘汰掉。所以一定要堅持不斷地學習，不斷地充實自己，只有這樣你的能力才會不斷得到提高，不斷提高的能力是獲得成功的必要條件。

此外，只是低頭學習、默默做事也是不夠的，還要適當地在上司和同事面前表現自己，尋找脫穎而出的機會。有了機會才可能更快獲得成功。

5・主動請示彙報

身為職場新人，應該養成及時向上司請示彙報的習慣，並在請示彙報時運用得體的方法。這樣做不僅可以在上司面前經常露臉，還可以給上司留下謙虛謹慎、工作效率高的好印象。此外，平時有什麼不懂的問題可以多向同事請教，這有助於我們與同事建立良好的關係。

馬太效應
—— 好的越來越好，壞的越來越壞

【心理學詞典】

馬太效應是由美國科學史研究者羅伯特・莫頓（Robert Merton）提出的一個術語，該術語用來概括一種社會心理現象，是指任何一個群體、個體或地區，一旦在某個方面獲得了進步和成功，那就會產生一種累積優勢，就會獲得更多進步和成功。簡單來說就是，好的越好，壞的越壞，多的越多，少的越少。

【心理學故事】

馬太效應中的「馬太」源於《新約聖經・馬太福音》中的一個故事。一位國王出遠門之前給三名僕人每人 1 錠銀子，對他們說：「你們拿這些錢去做生意，等我回來後你們再來見我。」等到國王回來時，甲僕人說已經利用主人給的銀子賺了 10 錠；乙僕人則賺了 5 錠；只有丙僕人 1 錠銀子也沒賺，因為他怕把銀子弄丟了，就一直沒出門。於是國王就賞給甲

僕人十座城邑，乙僕人五座城邑，而丙僕人不僅什麼都沒得到，還把他的那 1 錠銀子也給了甲僕人。

國王還對他們說：「凡是少的，就連他所擁有的也要奪過來。凡是多的，還要給他更多。」

【心理學與生活】 ●●●●●●●●●●●●●●●●●●●●●●●●

馬太效應在生活中的很多方面都有所展現：那些經濟發達的地區變得越來越發達，而經濟不發達的地區則有越來越落後的趨勢；有錢的人變得越來越有錢，而沒錢的人相對來說會越來越窮，財富有向少數人手上集中的趨勢，貧富差距越來越大。

在企業發展方面，那些在某個領域具有領先優勢的企業會在該領域迅速擴大強盛，所以當一家企業成為某個行業的龍頭時，就算資本回報率相同，它也可以輕易獲得比其他同行更大的收益。

在教育上，那些學習成績好的孩子會得到老師越來越多的關注，越受到關注，學習成績就越好；而成績差的孩子則很少獲得老師的關注，越不受到關注，學習成績就越差。

在職場中，那些沒有發展規劃、發展目標，也缺乏積極心態的人很容易陷入負面循環中，越來越沒有信心，工作越做越差；而心態積極，有發展規劃、發展目標的人則發展得

越來越好。

　　社會心理學家認為，馬太效應既具有消極作用也具有積極作用。消極作用就是很容易讓那些已經在某個領域占據優勢的人驕傲自滿，無法取得更大的進步和成功；也容易讓那些還沒有獲得優勢的人因為長時間看不到希望而灰心喪氣，放棄努力，甚至還會讓他們遭受非難和排擠。積極作用是可以有效防止社會過早去承認那些還不成熟的成果，或過早接受那些貌似正確的結論，這樣對後進者的心態也是一種磨練。此外，已經獲得巨大榮譽和種種優勢的人會鼓勵到無名的後進者，促使他們更加努力地奮鬥，激勵他們創造出超越前人的成績。

　　由此可見，如果我們想獲得成功，就必須先努力在某個領域占據一定的優勢。如果我們的目標領域已經有一個強大的對手，最好另外選一條路走，以減少前進道路上的困難。

手錶定律
── 選擇越多，越是混亂

【心理學詞典】

手錶定律是德國的一位心理學家提出的，他發現，如果一個人擁有一塊手錶，那麼他一定會堅信這塊手錶上顯示的時間是正確的。可是當他擁有兩塊手錶，而手錶上顯示的時間又不相同時，那這個人就會無所適從，不知道該相信哪一塊手錶。

也就是說，當一個人擁有兩塊以上的手錶時，不但沒有辦法讓自己更準確地判斷時間，而且會讓自己陷入迷茫，從而失去對時間的判斷，讓很多事都沒辦法正常進行。這種矛盾的心理及其所帶來的影響被稱為「手錶定律」，也叫做「矛盾選擇定律」。

由此引申出來的另一層含義是，一個人不可以同時選擇兩種不同的價值觀念或行為準則，否則他的行為就會陷入混亂。

【心理學故事】

　　森林裡住著一群猴子，牠們每天都在太陽升起時出去找東西吃，等到太陽落山時就會回來休息，生活得很幸福。

　　有一天，一位進入森林的遊客不小心把手錶丟在了一棵大樹下面，結果被一隻叫悟空的猴子撿到了。聰明的悟空很快就搞清楚手錶是怎麼用的，別的猴子都非常佩服牠，於是牠成了猴群的明星，每隻猴子都來向牠詢問確切的時間，大家的作息安排也都由牠來負責規劃。就這樣，牠的威望越來越高，後來還被推選為新的猴王。

　　當上猴王的悟空覺得是手錶給牠帶來了好運，於是就繼續積極地尋找手錶，結果又有兩塊手錶被牠找到。

　　可是新得到的手錶不但沒有給牠帶來更好的運氣，反而帶來了大麻煩。原來牠發現三塊手錶顯示的時間各不相同，根本就弄不清楚究竟哪個時間是正確的。於是當猴子來詢問時間時，牠就支支吾吾地不敢說，時間一長牠的威望就下降了，而且整個猴群的作息時間也變得非常混亂。

【心理學與生活】

　　我們弄清楚手錶定律的成立是有前提的：一是兩塊手錶顯示的時間必須是不同的，如果時間相同，那就不會存在分

歧，我們也不會無法選擇；二是兩塊手錶必須在同一個時區，因為不同時區的時間是不一樣的。只有在同一個時區，兩塊手錶才有可比性。

了解手錶定律成立的前提條件後，我們再來看一下手錶定律對我們的生活和工作有哪些啟示。

一塊手錶對我們來說就是一個選擇，當我們只有或只面臨一個選擇時，我們根本不會苦惱該怎麼做，因為沒得選，所以也就不必費盡心思去想，我們所需要做的就是埋頭努力。

但是，當我們面臨兩個或者以上的選擇時，很多人就會苦惱，無所適從，不知道該怎麼選，不知道哪一個是最好的。

在現實生活中，我們經常會遇到選擇困境，比如，高中畢業後要報考大學，結果有三所大學進入最終備選區。這三所大學各有各的好處，我們一所都不想放棄，費盡思量都不知道該選哪一所。

有兩門選修課都是自己感興趣的，可是這兩門課都在週三的下午，自己又沒有足夠的精力同時學兩門課，這時你會發現自己很難做出選擇。

找工作時，有兩家各方面條件差不多的公司同時向我們發出了入職邀請，這又讓我們犯了難。

其實在面對讓人苦惱的選擇時，我們可以試試模糊心理。所謂的模糊心理，就是在很難做出選擇的情況下，要以第一印象為主要判斷依據，以便做出符合潛意識需求的最佳選擇。

心理學研究顯示，模糊心理是人類在成長過程中不斷累積的一種心理沉澱。或許我們並沒有辦法找到明確的原因，但是根據第一印象，通常情況下我們都是可以做出最符合個體心理需求的決定。

此外，手錶定律還告訴我們，做任何事，一個人或團體都不能同時設立兩個不同的目標，否則就會無所適從。因此，在一段時間內應該只制定一個目標，而且這個目標一定要明確，不可以隨意變更。否則，就很容易讓員工對公司的大方針產生懷疑，最終對企業失去信心。

管理者在管理員工時應該做到一視同仁，做到制度面前人人平等。如果對不同的人有不同的標準，執行多重標準，那只會讓員工離心離德。

一個組織也不能發表兩個互相矛盾的制度，除非它正處於創立之初，大量制定規章制度的時候。然而這樣的情況並不會持續太長時間，否則員工就會不知所措。

團體還不能同時擁有兩種以上的價值標準或企業文化，否則該企業將無法發展。在這方面的典型案例是華納媒體與美國線上的合併。

美國線上（AOL）是一家很年輕的網路企業，它的企業文化強調的是動作靈活，迅速決策，要求一切都要為快速搶占市場的總目標服務。

可是華納媒體在長時間的發展過程中，形成了強調誠信與創新精神的企業文化，兩家企業合併之後，企業的高階主管層並沒有很好地解決兩種企業文化之間的衝突，結果導致員工完全弄不清楚企業日後的發展方向。最後，這兩家公司的合併以失敗告終。

另外，一個團體不能由兩個以上的人同時指揮，因為這兩個人指揮的方向可能並不一致，這樣一來，員工根本就不知道該聽誰的，必然會導致混亂。這樣的企業可能是沒辦法正常執行下去的。

同樣的道理，一個人也不能同時樹立兩種不同的價值觀，否則，他的行為就會陷入混亂，甚至沒辦法正常生活。

異性效應
── 男女搭配，做事不累

【心理學詞典】

在日常生活中，有時候我們在異性面前會比較樂意去做那些在同性面前不情願做的事，有時還會表現得非常機智、勇敢，這樣的現象被稱為「異性效應」。之所以會出現這種情況，是因為與異性接觸，彼此會產生特殊的激發力和吸引力，並且接觸的雙方都能夠從中體驗到難以解釋的情緒，對學習、生活都會產生積極影響。

【心理學與生活】

異性效應在生活中是常見的存在，它在青少年身上表現得尤其明顯。其具體表現為，與只有同性參加的活動 ── 比如，只有男人或只有女人參加 ── 相比，參與者在男女共同參加的活動中會覺得更快樂，而且做起事來也更起勁、做得更好。

這主要是因為當有異性參加活動時，異性之間進行接近

的心理需求得到了滿足，這樣會讓參與活動的人獲得不同程度的愉悅感，並且還會激發出其內在的創造力和積極性。

異性效應還源於男人及女人渴望被崇拜、被讚美的虛榮心理。所以在生活中有時候會看見男人喜歡在女人面前逞英雄，女人喜歡打扮漂亮出現在男人面前的現象，他們這麼做可能是為了贏得異性的好感。

不過異性效應的發生也是有條件的，有觀點認為，在一個群體中異性的數量，不管是哪一方，都不能少於總人數的20%。比如，一個群體中有十個人，那麼男性或女性的數量最低不能少於兩個。

此外，還有一種說法是，男女之間的日常接觸是不會產生異性效應的，它產生於異性在學習、娛樂、工作中有了較多交流和接觸後，自願為了愉悅感情、豐富生活、提高工作能力或工作效率而進行的有益活動中，這些活動同樣也是多姿多彩生活中必不可缺的部分。

異性效應在生活中的很多方面都有著廣泛的展現。有些男服務生在接待女顧客時明顯比接待男顧客時熱情很多；有的女同學在面對男同學時要明顯比面對女同學時熱情；很多企業應徵業務員時都傾向於應徵女性，因為女性員工與男性溝通時可能會比較順利。

青少年逐漸成熟後，有些會特別在意異性對自己的看法

或評價，會想辦法、找機會在異性面前表現自己。此時的他們非常重視自己的裝扮和容貌，並且還有著較強的自尊心。

在一家只有男性或女性的公司，儘管該公司非常優秀，但不論男女，可能都會容易感到疲累，工作效率也不高。而在一家有男有女且男女比例協調的公司，儘管該公司不是很優秀，但不管是男員工還是女員工，也許都能感到精力充沛，而且工作效率也很高，這是異性效應在發揮作用。在學校舉行的運動會上，來自異性的加油聲也可能會給運動員帶來更大的力量和鼓舞。

異性效應現象甚至還發生在人類探索世界、宇宙的過程中。

很多到南極考察的澳洲科學研究人員在考察過程中出現晚上失眠多夢，白天昏昏欲睡的情況，他們嘗試了很多種治療方案都沒有效果。同樣類似的情況還有不少，比如，美國男性太空人在飛行的過程中有半數以上的人患有了一種「航天綜合症」，具體表現為眩暈、頭痛、失眠、煩躁等，而且不管吃什麼藥都不管用。

後來，經過調查研究後才發現原因，之所以出現這樣的情況，可能是由於性別比例嚴重失調導致異性氣味嚴重缺乏。

於是，醫學博士哈里教授建議美國宇航局在每次的航天飛行中都要挑選一名女性參加，而一些國家也有意安排一兩

名女性參加南極考察隊，結果太空人和考察員的怪病就都消失了。

在動物身上，異性效應也表現得很明顯。比如，公雞喜歡在母雞面前展現自己的格鬥技巧、雞冠及漂亮的羽毛。

有一位美國專家認為異性效應能夠在智力、事業、情感等方面發揮互補作用。他認為男性與女性在智力上雖沒有高低之分，不過卻存在著智力類型的差別。女性普遍比較講究具體、實際的方面，而男性則傾向於抽象思維領域，所以異性能在智力上產生互補作用。異性朋友之間的友誼會因為彼此共同進步而加深，來自異性的鼓勵也可能極大地增強我們的自信心，從而對事業的發展產生促進作用。女性大多富有同情心，性情溫和細膩，男性則通常具有堅強的意志且情感熱烈，因此異性之間能在情感方面產生互補。

此外，異性效應還能夠加強團體生活的凝聚力。研究發現，在一個由清一色的女性或男性組成的團體裡，成員很容易因為一些小事產生摩擦，導致衝突。異性效應則可以緩和或避免這種情況，讓團體成員之間互相關心，增進理解，從而建立起真正的友誼，增強團體凝聚力。

透過了解，我們會發現異性效應具有如此神奇的魔力，因此如果我們能在工作或學習生活中好好地利用異性效應，一定會受益良多。

下面我們就來簡單了解一下青少年該如何利用異性效應提升自己。

1・利用該效應使學習與活動效率得到提升

　　普遍而言，男生擁有較強的歸納能力，思維偏抽象化；女生想像力豐富且能對事物有細緻的觀察，思維偏形象化。所以他們在一起學習時思維會變得更加活躍，思路也會更加開闊，能互相啟迪，很容易摩擦出智慧的火花。

　　此外，如果在團體活動中適當地對異性效應進行應用，或許可以讓他們在異性面前努力表現自己，從而出色地完成任務。

2・利用該效應對個性進行豐富和完善

　　人進入青春期後由於激素的分泌使得第二性徵出現，這時其體內機能和外在都會出現較大的變化。這些變化在促使個體性別角色認知發展的同時，也會影響周圍人們對他的評價。所以個體心理方面的差異會越發明顯地表現出來，男生通常會剛強、果斷、開朗，不在乎細節；女生則文靜、細膩、優雅。

　　男生和女生長時間待在一起交際往來、相互吸引，很容易能發現對方身上的優點與自身的不足，這不僅有利於彼此

之間互相學習，還能取長補短，讓自己的個性得到豐富和完善。

3.利用該效應讓男女同學間的凝聚力與友誼得到增強

在進行班級活動時要做好男女同學的搭配，還要想辦法讓他們互相幫助，加深他們之間的友誼，比如，女同學的行李重，可以請男同學幫忙拿；男同學生病了，也可以請女同學幫忙探望、照顧。讓班級成員之間產生一定程度的依賴，增強團體凝聚力，讓班級內形成和睦愉快的氛圍。這樣可以讓學生進入青春期後產生的煩惱及對異性的神祕感得到消除，從而讓男女同學之間的關係正常化，使純潔的友誼在團體往來中形成。

4.利用該效應激勵自己努力向上

由於異性效應的存在，青年男女可能會想要獲得異性的關注，希望自己的某些專長或優勢能得到異性的青睞。而大量的事實證明，有些男生雖然很抗拒老師和家長，卻能在女同學的幫助下慢慢地自主學習，而且各方面都有不小的進步：成績變好了，說話做事也更有禮貌，同時更注重外表，胸懷也寬闊很多。女生同樣如此。也就是說，異性間的互相激勵成為他們進步的動力。

5·利用該效應提高個體進行自我評價的能力

　　青年男女個體意識的發展可能會讓他們在意異性，尤其是自己喜歡的異性。他們喜歡對異性做評價，同時也很重視異性對自己的評價。青年男女在對對方進行評價的同時，也會非常注意自己的言行，積極完善、規範自己，從而在對異性的評價中學會評價自己，提高自我認知。

　　需要說明的是，雖然異性效應能夠造成積極的作用，也不可以濫用它，一定要掌握好尺度。比如，男性對一位漂亮的女性熱情一些完全可以理解，但是如果太過殷勤，讓女性覺得其目的不純，那就會產生相反的效果。

第四章
幫你獲得幸福的心理學效應

酸葡萄效應與甜檸檬效應
—— 想辦法擺脫煩惱

【心理學詞典】

　　酸葡萄效應也被稱為「酸葡萄心理」，是指當一個人的真正需求無法得到滿足而產生挫敗感時，為了將心中的不安消除，就會編出一些理由進行自我安慰。透過這樣的方法來減輕壓力，消除緊張感，讓自己從不滿或不安等負面心理狀態中解脫出來，避免受到傷害。

　　甜檸檬效應是指當我們追求某個預期目標遭遇失敗時，為了消除心中的不安，就會想辦法提高我們已經實現的目標或已經擁有的事物之價值，從而獲得心理平衡。

【心理學故事】

　　酸葡萄效應與甜檸檬效應都是心理學家從《伊索寓言》（*Aesop's Fables*）的故事中概括出來。

　　酸葡萄效應源自著名的「吃不到葡萄說葡萄酸」故事。狐狸很想吃已經熟透的葡萄，可是不管牠怎麼跳都碰不到葡

萄，便想放棄。可是牠費了那麼大的力氣都沒吃到，心裡實在是很不開心，於是就安慰自己說：「反正那葡萄是酸的，不吃也罷。」說完就心安理得地離開，去找其他吃的了。

甜檸檬效應也是源自一則與狐狸有關的故事。有隻狐狸想要找一點美味的食物，可是找了很久只找到一顆酸檸檬。這和牠預期的目標實在相差太遠，所以牠心中充滿了挫敗感。不過為了安慰自己，牠便想：「這檸檬是甜的，正是我想吃的。」

【心理學與生活】

通常來說，生活中每件事情或每一種現象的發生，都可以運用許多方法或理由去解釋。酸葡萄效應與甜檸檬效應都是從個體的心理需求出發，從一系列理由中選擇一些符合自己心理需求的進行特別強調，其他理由則會被自動忽略，這在心理學上稱為「合理化」。酸葡萄效應和甜檸檬效應一樣，都是透過某種「合理化」的理由，對無法實現所追求之目標的情況進行解釋，從而消除心中的不安，讓內心獲得安寧。

這兩種效應有時確實能夠將惡性刺激轉變為良性刺激，達到緩和心理狀態，安慰自己、接納自己，並驅逐煩惱、獲得快樂的作用。這要比遇到一點挫折就垂頭喪氣、埋怨別人，或與人激烈對抗，然後兩敗俱傷的情況好很多。

這兩種效應在現實生活中很多方面都有所展現，比如，一位學生沒有考上理想的大學，為了安慰自己就想：「我本來就不想上那所學校，而且聽別人說那所學校其實不怎麼好」。一個男生向一個女生表白，結果被拒絕了，男生就說自己其實根本不愛她，有的男生甚至會說那個女生有怎樣的缺點。一個人找工作，沒能被心儀的公司錄用，他就會說不去正好，那家公司其實真的不怎麼樣等等，這些都是酸葡萄效應的展現。

　　在現實生活中，也有很多事情表現出甜檸檬效應，比如，一個人沒有考上大學而上了職業學校，他就說其實上職業學校更好，時間短學費又低，還能提早開始工作賺錢，而且很可能他找的工作要比那些上大學的人更好。再比如，一個女人想要嫁給一名聰明、幽默的男人，結果卻嫁給了一位不愛說話，甚至有些木訥的男人，這時她會告訴自己：「這樣的男人才最讓人放心、最可靠。」

　　透過上面提到的這些事例可以看出，如果我們能正確運用酸葡萄效應和甜檸檬效應，確實能在一定程度上達到減輕壓力，緩解消極情緒的作用。但是也要注意，這兩個效應具有一些消極作用。

　　比如，它們會為我們所遭遇的失敗找到很多藉口，讓我們沒有辦法正視自身的問題與缺點，這會導致無法真正解決

問題，而且一旦形成習慣，我們就會變得只要遇到困難就退縮，並且還會為這種退縮和放棄找各種理由，讓自己心安理得地退縮或放棄，從而喪失進取心，失去自信心。

所以，當我們利用這兩種效應調整好心態，從挫折中走出來後，還是要積極進取，積極解決問題，朝著既定目標努力前進。

此外，這兩種效應帶給了我們一些積極的啟示。不要總是羨慕別人，而忽視自己所擁有的，其實我們擁有的才是最好的。一個比較自卑的人應該經常暗示自己說：「我是最棒的」，這樣做可以幫助他從自卑走向自信，從自信走向成功。

當我們遭遇挫折，情緒低落時，我們要學會自我安慰，不要過度悲傷，那樣會很容易走進死胡同。

如果明知道有些東西得不到，那就要學會放棄，與此同時還要透過自我安慰讓內心恢復平靜。不能因此喪失上進心，更不能在失敗後只找藉口，而忽略自己所犯的錯誤。

莫札特效應
—— 聽音樂能讓人高興

【心理學詞典】••••••••••••••••••••••••

　　莫札特效應是指聽音樂能夠讓我們變得愉快，而這種積極情緒又可以幫助人們提高認知加工能力。該概念是由法國醫生湯瑪斯提出的，源自哥倫比亞大學和加州大學的兩位教授在 1993 年所做的實驗。

【心理學實驗】••••••••••••••••••••••••

　　心理學家勞舍爾（Frances Rauscher）和肖（Gordon Shaw）提出一個假設：空間推理能力與音樂之間是存在某種連繫的。為此，他們進行了一項實驗：

　　他們將三十六位非音樂專業的學生分成三組，讓第一組學生聽莫札特的〈D 大調雙鋼琴奏鳴曲〉，讓第二組學生聽一些通俗音樂，第三組學生則沒有聽任何音樂。

　　十分鐘之後，他們採用「史丹佛－比奈智力量表」對這三組學生進行了測試。結果發現，聽莫札特音樂的學生的測試

成績要比其他兩組學生高出 8% ～ 9%，不過這種效果在持續十到十五分鐘後就會消失。

此外，他們還認為，如果能經常給孩子聽一些莫札特的音樂或類似的音樂，可以提高其空間推理能力並對孩子的一生產生影響。

【心理學與生活】

兩位心理學家所做的實驗結果被發表後，得到了美國媒體的廣泛宣傳，並引起了人們非常大的興趣，與莫札特音樂有關的唱片很快就缺貨了。此外，當時美國的很多家長、教育工作者和政府官員都對該實驗很重視，有的州甚至要求所有公立幼稚園在固定的時間播放古典音樂，於是聽古典音樂很快就變成一種時尚。

該實驗公開後，很多人都從不同的方面做過相關研究。芝加哥的一名醫生發現莫札特的某些音樂的確對減輕癲癇病患者的發病程度有幫助，並且可以降低其發病率。同樣，神經科學專家約翰‧休斯在給患者播放莫札特的〈D 大調雙鋼琴奏鳴曲〉後，發現三十六位癲癇病患者中有二十九個人的症狀得到緩解。他還放過其他古典音樂，結果發現只有莫札特的音樂對患者病情具有明顯效果，且這種效果是可持續的。

因此，他認為其中關鍵是莫札特的音樂比較簡單，其音

樂中總是會有某一段旋律多次重複出現，而且是以人的大腦所喜歡的模式進行重複。

美國加州大學的一名研究人員指出，某些老年痴呆症患者聽十分鐘的莫札特音樂後，會在智力測試中有更好的表現。

一位著名的臨床神經科學專家在其著作中也提道，莫札特的音樂對兒童多動症的治療有積極作用，能讓患病的兒童做事時更為專注，而且還能改善和提高其控制情緒及社交的能力。

有些學者為了驗證該效應還做過一項實驗。某位教授及其團隊成員將很多老鼠分成不同的組，讓牠們聽莫札特K.448號樂曲、反向莫札特K.448號樂曲（透過將這首樂曲的音符進行相反順序排列而得出的）、巴哈樂曲及反向巴哈樂曲。

這樣一來，就保證老鼠所聽到的音樂物理元素都是相同的。研究人員對老鼠聽完音樂後在不同時間點與學習記憶有關的神經因子變化情況，以及音樂對其大腦新生神經元的影響情況進行了檢測後發現，實驗結果全都證明莫札特效應是存在的。

在實驗中，研究人員改變了某些莫札特音樂中的音高或節奏，結果發現那些保留節奏成分的音樂會產生與莫札特音

樂類似的效果，而那些只對音高成分進行保留的音樂卻沒有明顯的效果，這就表示莫札特效應的關鍵很有可能是節奏。

研究人員還挑選了六十名大學生，把他們分成三組。在相同的環境下讓他們分別聽莫札特音樂、反向莫札特音樂，還有一組學生則什麼音樂都不聽。在一週的時間裡，前面這兩組學生每天都要聽上半個小時的相應樂曲。此外，這三組人還要接受一系列的包括用筆在紙上走迷宮、摺紙、裁紙等測試。

結果發現，聽莫札特音樂的這組學生擁有最佳表現，而聽反向莫札特音樂的這組學生成績是最差的。同時，研究人員還發現，聽莫札特音樂可以為大腦增加新的神經元，而聽反向莫札特音樂對人和老鼠都會產生負面效應，其新生神經元的數量會減少，行為認知能力也會減退。

不過也有研究人員對莫札特效應提出了質疑，他們並不覺得聽一些莫札特音樂就能提高人的空間推理能力。可是他們認為，莫札特音樂有著非常流暢的旋律，能對人們的快樂情緒產生最大限度的激發作用。

認知決定著我們的情緒，情緒又反作用於認知，在一定程度上，這兩者具有相同的生理基礎，所以我們應該從認知與情緒兩方面去解釋該效應。

人們聽音樂是為了獲得某種情緒體驗，而這種情緒體驗

又是由人們對音樂各個成分的認知來決定，音高、旋律和節奏是決定音樂情緒的主要因素。所以，擁有平穩的節奏、規律變化的音高及和諧旋律的音樂可以激發積極情緒；相反則會激發消極情緒。

此外，從大腦生理結構來看，大腦中有的部位會參與對音樂認知的加工，卻不會進行音樂情緒的加工。但是它可以透過與神經突觸的連線將訊息傳送到邊緣系統，這時情緒反應就會產生。

有的大腦部位在參與加工音樂認知的同時也會進行音樂情緒加工，前額葉皮質是加工整合音樂情緒訊息和認知訊息的一個重要區域，它擁有比較強的協調與控制複雜行為的能力。基底神經節不僅會參與積極情緒訊息的加工，還具備訊息的選擇與決策等認知與記憶功能，能對音樂中的積極內容進行登記加工，並且有助於人們回憶與再現那些讓自己覺得愉快的事情，最終產生情緒體驗和行為。

莫札特音樂通常明亮、純淨且擁有穩定的節奏，它還符合人類特有的生理規律。這樣的特徵可以激發一些積極情緒，如快樂，而這種積極情緒又能夠促進大腦認知加工能力的提高。

安慰劑效應
—— 希望可以治病

【心理學詞典】

安慰劑效應又被稱為「假藥效應」、「偽藥效應」，由畢闕（Henry K. Beecher）博士提出，是指患者雖然獲得了無效的治療，但是因為他相信治療是有效的，從而讓病情得到緩解的現象。

畢闕博士在「二戰」時擔任美軍的戰場麻醉師，在攻占義大利南部海灘的戰鬥中由於嚴重缺乏鎮痛劑，迫於無奈，護士告訴正被疼痛折磨到哀號的士兵，她們給他們注射的是強力鎮痛劑，可實際上她們注射的卻是普通的生理食鹽水。讓他震驚的是，注射了生理食鹽水的傷兵居然不再喊疼了。

戰爭結束後他回到哈佛大學，開始了一系列新的測試藥物療效的實驗，最終於 1955 年在《美國醫學會雜誌》（*JAMA*）上發表了一篇名為＜強大的安慰劑＞（*The Powerful Placebo*）的論文，從此安慰劑效應和安慰劑療法才逐漸被人們了解。

【心理學實驗】 ●●●●●●●●●●●●●●●●●●●●●●●●●

2006 年，哈佛醫學院在著名的《新英格蘭醫學雜誌》
（*NEJM*）上發表了一篇文章，文章中記載了這樣一項實驗：

實驗人員找了兩百七十位患有慢性上臂痛的患者，把他
們分成兩組。一組讓他們口服並沒有任何藥物成分的普通玉
米粉，但是實驗人員告訴他們這種藥會有很好的療效。另外
一組則接受針灸治療，實際上用的都是假針，不過實驗人員
也會告訴患者這樣的針灸有很好的療效。

結果，實驗開始兩週後，幾乎所有的患者都說上臂痛的
情況得到了不同程度的緩解。

【心理學與生活】 ●●●●●●●●●●●●●●●●●●●●●●●●

安慰劑效應中的「安慰劑」並不只包括藥物，它還包括
手術、治療方案、讓人產生希望的鼓勵、權威的形象等，只
要是能夠讓人產生希望、對病情有所緩解的事物都算是安慰
劑。那麼，安慰劑是如何對人的病情產生作用的呢？在這個
問題上人們有多種不同的解釋。

第一種解釋是積極的信念影響了患者。這種觀點認為，
患者的病情之所以能夠得到緩解，是因為他們相信其病情一
定會得到緩解。根據知情同意原則，患者知道他們有可能會

接受安慰劑治療，可是很多接受安慰劑治療的患者會認為自己正在接受真正的治療（事實上並不是這樣），所以他們相信病情會有所好轉，結果病情就真的好轉了。也就是說，積極的信念會產生積極的結果。

第二種解釋是條件反射。很多人都知道巴夫洛夫（Ivan Pavlov）做的那個經典的條件反射實驗 —— 讓狗在吃東西時聽到鈴聲，結果狗習慣後一聽到鈴聲就會分泌唾液。安慰劑效應的原理和條件反射的原理是一樣的。如果患者習慣從某人那裡得到藥片，並且吃了藥片後病情會得到好轉，那麼就算他從那個人那裡得到的並不是真正的藥片，他吃了之後病情也會習慣性地好轉。

第三種解釋是某些患者的病情會好轉，完全是自身的原因，和安慰劑沒什麼關係。因為人體是具有自然康復能力的，所以就算患者被遺忘在一個無人問津的角落，他的病情也可能會好轉，甚至會完全康復。

第四種解釋是一部分患者其實私下裡接受了其他治療，是別的治療方式讓病情得到了好轉，和安慰劑並沒有關係。

第五種解釋是患者因為情感上的支持，病情才會好轉。研究安慰劑效應的哈佛大學教授托德‧凱普查克（Ted Kaptchuk）認為，優秀機構的悉心照顧才是患者病情發生好轉的根本原因，而受患者信賴的優秀機構在照顧或情感上的支

持也是一種安慰劑。患者首先是相信醫院的,他們白天接受自身所信賴的醫生治療,同時又會受到護士的關注和支持,而護士一直以來都代表著健康和康復。所以,在這樣的情況下,患者很容易能獲得心理暗示,病情自然就會好轉。關注、支持和傾聽對患者來說是很好的安慰劑,可以使其病情得到緩解。

所以當我們面對患者時,一定要對其悉心照顧,還要表示支持、鼓勵和關心,要讓他們感到溫暖,這樣他們才更容易康復。

雖然現在科學家還沒找到安慰劑效應發生作用的具體原因,但可以確定的是,心理的確會影響生理,比如,悲傷的時候會流淚,憤怒的時候血管表層會擴張等等。總之,心情如果不好,身體也會出現某程度的不良反應。所以要想有健康的身體,一定要盡量保持好心情。就算生病了,也要積極面對,因為積極的心態可以讓病情朝著積極的方向發展。

安慰劑效應並非總是有效的,尤其是面對器質性疾病,如骨折、胃穿孔等病症,就不會發生作用。而且對於那些能夠發揮作用的疾病來說,具體療效也和患者個體差異及醫患之間的關係有關。

羅森塔爾效應 —— 期望產生動力

【心理學詞典】

羅森塔爾效應也被稱為「期待效應」、「比馬龍效應」，是指期望什麼，就可能得到什麼。只要充滿自信地期待，事情就會順利地進行。

該效應是由美國心理學家羅森塔爾（Robert Rosenthal）和雅各布森（Lenore Jacobson）於 1968 年透過實驗發現的，之所以被稱為「比馬龍效應」，是因為它與一則古希臘神話故事有關。

比馬龍是古塞普勒斯的國王，是一位個性孤僻的雕刻家。有一次他用象牙雕刻出一個完美的女人，他每天都看著這尊雕像，時間一長居然就愛上了雕像，每天對它表示愛慕之情，希望它能變成人。於是他就向愛神請求，愛神被他的誠意感動，便賦予了那尊雕像生命，結果雕像變得彷彿活人一樣，還和比馬龍結為夫婦。

【心理學實驗】

1968 年的某天，美國心理學家羅森塔爾和雅各布森在一所小學做了一項實驗。他們從一到六年級各選三個班，對這十八個班的學生進行「未來發展趨勢測驗」（實際上什麼都沒做）。他們隨機挑選了一些學生，並列出一份「最有發展前途」的學生名單，然後以讚許的口吻對校長和老師說，這份名單上的學生是透過測試精心挑選出來的，是最有潛力的學生，以後都會有很好的發展，還囑咐校長和老師一定要保密，不要透露這件事，以免影響實驗結果的準確性。

八個月之後，羅森塔爾和他的助手對那十八個班的學生進行測試，結果發現，凡是在那份「最有發展前途」名單上的學生，成績都有了比較大的進步，而且性格更加活潑，擁有較強的自信心與旺盛的求知慾，還更喜歡與人交流。

為什麼會出現這樣的情況呢？他們調查後發現，學校的老師在教學過程中不但對名單上的學生期望更高，而且平時總是有意無意地透過態度、表情、給予輔導、讚許等方式，將這種隱含的期望傳遞給學生，於是學生就會給老師積極的回饋。這種回饋又會激發老師更大的熱情，除了維持原有的期望，老師還會給學生更多的關照。就這樣，這些學生的學習成績、智力及行為都朝著老師所期望的方向發展。

【心理學與生活】 •••••••••••••••••••••••••

羅森塔爾效應帶給我們這樣的啟示：讚美、信任和期望可以改變一個人的行為。當我們向一個人表達讚美、信任和積極的期望時，他就會變得自信，會更加積極地朝自己期望的方向努力，盡量滿足這種期望和信任。相反，當我們向一個人傳遞消極的情緒時，他可能就會自暴自棄，放棄努力。

該效應可以應用在生活中的很多方面，比如，家長在教育孩子時應該多鼓勵，如果你認為孩子是聰明、優秀的，那孩子便很可能會變成那樣。因為在這個過程中，你會給孩子更多的讚揚和關心，而當孩子受到來自父母的讚揚和期待時，他也會更加積極努力，如此一來，也就更容易變得聰明、優秀。

戴爾‧卡內基（Dale Carnegie）很小的時候媽媽就去世了，9歲時父親給他找了一名繼母。繼母來到家裡的第一天，父親就指著卡內基向她介紹說：「以後妳千萬要提防他，他是鎮上最壞的孩子，說不定哪天他就會做出令妳頭疼的事。」

這時繼母微笑著來到卡內基面前，先是摸摸他的頭，然後責怪丈夫說：「你怎麼能這麼說自己的孩子呢？他怎麼會是最壞的孩子？我覺得他是全鎮最聰明、最快樂的孩子。」

繼母的話帶給年幼的卡內基巨大鼓勵，因為在此之前從

來沒有人這樣稱讚過他，就連親生母親都沒說過這樣的話。於是他和繼母建立起深厚的感情，他也開始積極努力，後來成為一位著名的勵志大師和成功學家，幫助無數人走上了成功的道路。

同樣地，老師應該對學生抱有期望，經常讚美學生，學生自然就會對這種讚美和期望做出積極的回應，從而變得越來越優秀。而那些不被老師關注、鼓勵、期望的孩子則會以消極的態度對待老師、對待自己的學習，情況就會變得越來越糟糕。

在企業管理方面，一些優秀管理者透過對羅森塔爾效應的積極運用來激發員工的鬥志，從而創造驚人的效益。

奇異公司前執行長傑克·威爾許（Jack Welch）經常親手寫一些紙條對員工表示感謝和鼓勵。松下幸之助則會經常給下屬（包括新員工）打電話，其實他也沒有做什麼特別的事，只是問一下員工的近況，當員工回答還算順利時，他就會說「很好，希望你好好加油」。這樣簡短的話就能讓員工感受到來自總裁的信任和重視，於是員工就會更加勤奮地工作，而且還有很多人在這樣的鼓勵下成為獨當一面的人才。

企業的管理者要對下屬投入感情和希望，多鼓勵他們，這樣才能讓他們變得更加積極主動，富有創造力。比如，在向某員工交代某項任務時，管理者應該說「我相信你一定能辦好」、「你肯定會有辦法」之類的話。這樣他就會朝著你期

望的方向發展，就算他本身能力並不強，但是經過鼓勵後就會讓自身的潛力得到最大限度的發揮。

　　每個人都需要被讚美，只要給人積極的期望和肯定，就可能得到所期望的結果。所以請積極讚美身邊的人，幫助他們變得更加積極、自信與優秀。

貝勃定律
—— 第一次的刺激很重要

【心理學詞典】

　　貝勃定律是指當一個人經歷過一次較為強烈的刺激後，隨後再次對其施加刺激所產生的影響就會變得很小。從個體的心理感受來說，第一次的大刺激能夠掩蓋第二次的小刺激。

【心理學實驗】

　　有人做過一項砝碼實驗：

　　他用右手舉著300克的砝碼，在左手上放305克的砝碼，此時他並不會覺得兩邊有多大的差異，直到左手上砝碼的重量增加到306克時他才會覺得兩邊的重量有差異。

　　如果他的右手舉著600克的砝碼，而左手的重量要達到612克，他才會覺得兩邊的重量有差異。也就是說，原來的砝碼越重，之後就必須增加更多的重量才能感覺到差異。

【心理學與生活】 ••••••••••••••••••••••••••••••••••

貝勃定律在日常生活的很多方面都有所展現。首先是愛情、親情、友情方面，先來看看下面這項實驗。

在距離情人節還有兩個月的時候，一位心理學家向兩對成長背景、年齡、交往過程都大致相同的戀人做了一個送玫瑰花的實驗。

心理學家讓第一對戀人中的男方每個週末都送給女友一束玫瑰花，而讓第二對戀人中的男方只在情人節的那一天給女友送上一束玫瑰花。結果，每個週末都能收到玫瑰花的女方並沒有覺得欣喜和感動，而是非常平靜，並且雖然她沒有什麼不滿，但還是忍不住說了一句：「別人送給女友的都是藍玫瑰，比這束普通的玫瑰花漂亮多了。」

而第二對戀人中的女方因為之前沒有收到過玫瑰花，所以當情人節那天男友捧著玫瑰花出現在她面前時，她便覺得非常幸福，激動地和男友擁抱在一起。

為什麼經常收到花的女性反而沒有只收到一次花的女性高興？很簡單，經常收到花的女性對男友的殷勤、關愛已經習以為常，而人會很自然地漠視已經習慣的東西。而那個只收到一次花的女性因為之前並沒有收到過花，所以突然收到花就會完全超出她的心理預期，從而獲得巨大的滿足感。

同樣地，在生活中我們會對親人、朋友的關愛習以為

常，而當陌生人給我們一點幫助時，我們就會感激不已，這其實都是貝勃定律在發生作用。而且當我們覺得一直關愛自己的人把關愛減少了一點點時，我們就會受不了，甚至會對他們有所埋怨。

比如，有的人新到一家公司後為了獲得上司和同事的認可，就拚命地表現，一天都不敢鬆懈，可是當他慢慢從新人變成「老人」後就逐漸懈怠了，這讓周圍的人很不適應，覺得他之前都是裝的，很多人都開始質疑他的人品。如果一個人到新公司後表現得並不好，而且工作能力也不強，上司和同事對他都不抱期望，結果等到他慢慢熟悉工作之後就具備了不錯的能力，哪怕只是做到了一名員工該做的那些事情。但大家卻都覺得他有上進心，表現越來越好。這兩個人之所以會得到完全不同的評價，也是貝勃定律在發揮作用。所以，我們在工作中一定要注意貝勃定律的影響，要一點一點地累積進步，千萬不能一開始用盡全力，而後就逐漸鬆懈。

在人事管理方面。假如一家公司的管理者想要辭退一些人，但是又怕在公司內部引起騷動，影響公司的正常經營，這時該怎麼辦呢？正確的做法是，先對與這些人無關的部門進行大幅度人事調動，慢慢地讓其他員工習慣這種衝擊，然後在之後的人事變動將矛頭指向那些真正要被辭退的人。這時公司的員工對這些變動就不會有什麼強烈反應了，因為他們大多已經習慣了。

　　很多商家經常會利用貝勃定律來做促銷。最常見的做法是，在新品上市時給它們標上遠遠超過其本身價值的價格，就算沒有多少人買，也會堅持賣上一段時間，然後就會進行降價銷售，以此吸引消費者的注意力，而且折扣越低，就越能吸引消費者。

　　比如，一件 2,000 元的衣服現在只賣 200 元，甚至只賣 100 元，這時就會有很多消費者來買，因為消費者會覺得太便宜了，買到就是賺到。同一件折扣的商品，比如原價 100 元的商品和原價 1,000 元的商品，都是打兩折，消費者肯定會優先選擇那件原價 1,000 元的商品，因為它帶給消費者的刺激更大，更讓消費者覺得物超所值。

齊加尼克效應
—— 壓力會隨著任務結束而消失

【心理學詞典】

齊加尼克效應是法國心理學家齊加尼克提出的，具體是指工作壓力會導致心理上處於緊張狀態。當一項工作順利被完成後，這種緊張狀態就會被解除；如果沒有完成，那這種緊張狀態就會持續。

【心理學實驗】

法國心理學家齊加尼克做過這樣一個實驗：

他將被試分為兩組，讓他們完成二十項工作。在此期間，齊加尼克對其中一組被試進行了干預，讓他們沒有辦法完成所有工作，而另一組沒有受到干預的被試則順利地完成了全部工作。

最終的實驗結果顯示，雖然所有被試在接受任務時都處在一種緊張狀態中，但是順利完成任務的人，其緊張狀態會隨之消失。而沒能完成任務的人，其緊張狀態會持續存在，

而且他們的思緒總是被那些沒有完成的工作困擾，心理上所承受的壓力難以消失。

【心理學與生活】••••••••••••••••••••••••••••

現代社會工作節奏不斷加快，人們要做的工作也越來越多，而且很多工作都是穿插進行，這樣一來就導致很多工作沒辦法被順利完成。

而且這項工作還沒做完，就得去做下一項工作，還有很多臨時出現的事務。這樣一來，我們心裡會一直被那些沒有完成的工作影響著，於是就會產生壓力，長時間處於緊張狀態。

我們很多人的工作需要進行大量的腦力勞動，而腦力勞動通常是不受時間和空間限制的，所以很多時候我們明明下班了，可腦子裡還在思考工作上遇到的問題。這時大腦其實沒有得到休息，那些沒有完成的工作或沒有解決的問題會像影子一樣困擾著我們，從而加大我們的壓力。

有人會認為有壓力才會有動力，可是這裡所說的壓力是良性的壓力。而平常我們在工作中所感受到的壓力來自很多我們沒有辦法控制的事物。這往往會導致齊加尼克效應的發生，讓我們變得更加疲勞。這種疲勞是因為長期用腦過度、壓力過大產生的，所以它無法透過休息得到完全緩解，時間

長了就會造成神經衰弱，具體表現為記憶力衰退、失眠、頭痛、頭昏、精神萎靡不振等。

此外，如果我們無法適應或正確處理快節奏的工作，那麼就很容易感到焦慮，產生緊迫感，時間久了也會誘發心理疾病。所以，一定要積極進行自我調適，努力緩解緊張狀態，具體方法如下。

1・不要壓抑自己，每天都要釋放不良情緒

當有些壓力超出我們的承受範圍時，它就會變成惡性壓力，而惡性壓力又會產生很大的不良影響，所以千萬不能壓抑自己。如果感覺到自己有不良情緒，就一定要想辦法釋放出來，如果有不高興的事，可以找身邊的人聊天，還可以去看電影、跑步、唱歌，只要是能釋放不良情緒的方式就可以。

2・要學會自我放鬆

努力工作當然是應該的，但是也要注意身體和心理的承受能力，如果你清楚地感覺到自己已經很累了，那就暫時停下手頭的工作去休息，聽聽歌，看看感興趣的表演，或是去外面散步，鍛鍊一下，還可以小睡一會，總之要讓自己暫時忘了工作。

要對自己的生活、學習和工作進行合理的安排，制定工作

計畫和目標時不僅要實事求是，還要適當地留下一點餘地。此外，對待工作上的一些挫折也不要太過在意，繼續努力就好。

3・進行積極的自我暗示

透過積極樂觀的認知、言語、思維對身心狀態進行調節和改變，化被動為主動，也可以收到不錯的效果。

4・努力縮短工作週期

很多人之所以覺得壓力大、緊張，是因為工作時間太長，工作總是做不完。其實很多時候是因為工作效率太低，才會導致工作拖了很長時間都做不完，而且越拖就越緊張、焦慮。那些工作效率高的人通常在規定的時間內就可以把手上工作做完，還有時間做點自己喜歡做的事，而且根本不需要加班，所以他們也不會緊張，不會覺得有壓力。因此，我們應該努力提高工作效率，縮短完成一項工作的週期，這樣就會有更多空閒時間可以利用。而且每完成一項工作後，就會有成就感，愉悅的心情也可以有效地緩解心理緊張，有益身心健康。

5・培養一種以上的業餘愛好

業餘愛好可以有效地對大腦的興奮與抑制過程進行調節，進而改善情緒、消除疲勞，讓自己從乏味、無聊的小圈

子中走出來，進入一個充滿生機的世界。你可以選擇的興趣愛好有很多，如寫作、旅遊、養魚、養鳥等，你可以根據自己的興趣選擇，適當地進行投資，最好是能養成習慣。

霍桑效應
—— 受到關注後行為會發生改變

【心理學詞典】

霍桑效應又被稱為「霍索恩效應」，是指當一個人意識到自己正在被關注時，就會刻意地改變行為或言語。該效應由以哈佛大學心理學家梅奧（Elton Mayo）教授為首的研究小組提出，源於 1924 至 1933 年的一系列實驗研究，霍桑是美國西部電氣公司在芝加哥的一家工廠的名字。

【心理學實驗】

霍桑工廠是一家製造電話交換機的工廠，擁有較為齊全的娛樂設施、醫療制度和保障制度，可工人們還是很不滿，生產效率非常低。為了找出其中的原因，美國國家科學委員會成立了一個研究小組，對這個問題展開了實驗研究，整個實驗前後經歷了四個階段。

第一階段：工廠照明實驗

照明實驗的目的是弄清楚照明的強度對工人的生產效率

產生的影響，這項實驗進行了兩年多，他們最終發現照明度的改變對生產效率並沒有影響。

第二階段：福利實驗

這次實驗的主要內容是繼電器裝配，主要目的是找到更有效影響工人積極性的因素。經過兩年多的實驗，梅奧對實驗結果進行了歸納，然後排除以下四種假設。

(1) 在實驗過程中改善工作方法與物質條件，可以讓產量增加。

(2) 在工作間隙安排休息時間及縮短工作時間，可以有效解除或減輕疲勞。

(3) 工作間隙安排休息可以讓工作變得不那麼單調、無聊。

(4) 個人計件薪資可以促進產量的增加。

後來，透過進一步的研究，梅奧發現了促進生產效率上升的兩個原因。

(1) 自豪感。實驗剛開始時，六位參加實驗的女工人曾被叫到部長辦公室談話，她們認為這是很大的榮譽。這說明被重視的自豪感對工人的積極性有明顯的促進作用。

(2) 成員之間的良好關係。實驗發現，改變對工人的監督與管理的方法就可以改善工人之間的關係，良好的人際關係能夠改變工人的工作態度，促進生產效率的提高。

第三階段：訪談實驗

研究人員覺得此前的實驗已經證明組織的管理方式與員工的積極性和生產效率有密切關係，所以應該了解一下員工對管理方式有什麼具體意見，這也可以為管理方式的改進提供依據。於是他們制定了一個徵詢員工意見的訪談計劃，在不到兩年的時間裡，他們與工廠裡兩萬名左右的員工進行了談話。

第四階段：群體實驗

這是一場關於工人群體的實驗，目的是要了解工人之中存在非正式組織對工人的工作態度會產生什麼影響。

研究人員為了能系統地觀察實驗群體中工人之間的相互影響，挑選十四位男工人，其中有九名繞線工，三名銲接工，兩名檢驗工，把他們安排在一個單獨的房間裡工作。

實驗剛開始時，研究人員告訴這些工人，他們可以盡力工作，因為他們拿的是計件薪資。研究人員原以為這樣的薪資制度會讓這些工人更加努力地工作，可實際上他們完成的產量只停留在中等水準，而且每位工人的日產量都差不多。根據動作與時間分析，每一位工人每天應該完成的標準定額是 7,312 個銲接點，可實際上他們每天在完成 6,000 到 6,600 個銲接點之後就不再工作了，即使他們完成這些工作時距離下班還有比較充裕的時間。

研究人員透過觀察，找到了工人自動限制產量的原因。如果他們太努力工作，就很有可能會讓其他同伴失業，或使得工廠制定出更高的生產定額。

　　研究人員為了弄清楚這些工人能力上的差別，就對他們中的每一個人進行智力和靈敏度測驗。結果發現，三名生產速度最慢的繞線工在靈敏度測驗中的得分是最高的，其中一名最慢的工人在智力測驗中得到第一名，在靈敏度測驗中得到第三名。

　　測驗的結果與實際產量之間的這種關係，讓研究人員聯想到了群體對這些工人的影響，一名工人可以因提高工作效率而得到較多的薪資，且減少失業的可能。可是他很有可能因此受到群體的懲罰，而這種懲罰可能是他無法承受的，所以他們才會選擇每天只完成群體認可的工作量。

　　霍桑實驗最終的結果由梅奧教授於 1933 年發表在《工業文明的人類問題》(*The Human Problems of an Industrial Civilization*) 一書中，在該書中他提出了以下見解。

　　在社會上生活的人都是「社會人」，「社會人」生活在複雜的社會關係中，所以要想調動工人的生產積極性，就必須從社會、心理方面進行努力。比如，員工需要情感上的慰藉、安全感、歸屬感等。所以管理者應該時刻關注員工的想法，重視與員工的關係，積極與他們進行交流，想辦法滿足他們

的種種需求，尤其是心理方面的需求。

此外，工人的積極性決定了工作效率，而工人的積極性又受到家庭、社會生活及組織中人與人關係的影響。工人之中存在著的非正式團體有著其特殊的傾向與情感，左右著成員的行為，而且對生產效率的提高也起著非常重要的作用。

【心理學與生活】

霍桑效應帶給我們很多有益的啟示。在日常生活中，我們應該多給予身邊的人一些積極的關注，或向他們表達你對他們的期待，並且要讓他們意識到你在關注他們，這樣一來他們的行為就會朝著積極的方向轉變。如果你想要男友變得更優秀，就要多稱讚他，當然這種稱讚應該符合事實，而且你應該讓他和你的朋友多接觸，並讓朋友從男友身上找出他的一些優點進行稱讚。要讓他多和家人接觸，並讓家人稱讚他做得好的地方，對他進行鼓勵，這樣他就會朝著好的方向發展。

張寧前段時間交了男友，是個文藝青年，多才多藝，但就是有些不修邊幅，而且還愛抽菸。可是張寧最不喜歡別人抽菸和邋遢。她很有信心能讓男友把這兩個缺點改掉，不過事實證明她太高估自己了，她說了男友好多次但男友都沒太在意。

她發現「正面進攻」沒發揮作用，就改成迂迴進攻。她把男友介紹給自己的朋友認識，而這些朋友有一個共同的特點，那就是不抽菸。在介紹他們認識之前，張寧告訴朋友們要多誇誇男友，於是每當她男友有什麼好表現時，她的朋友都會誇獎幾句。比如，一起出去玩時，男友給老人、小孩讓座了，他們就會說他有愛心；會彈吉他，又會唱歌，就稱讚他多才多藝；詩寫得好，就說他文采好，以後一定能成為大詩人。

　　就這樣，男友開始越發在意自己的表現，當他看到女友的這些朋友都不抽菸時，他也忍著不抽，直到把煙戒掉。又因為這些朋友每次出去玩時都打扮得乾乾淨淨，時間一長他也不好意思邋遢了，張寧透過朋友對男友的關注和影響成功改變了男友。

　　除了要關注身邊的人，我們還應該多關注自己，這樣我們的行為也會發生積極的改變。就像人們常說的那樣——你認為自己是什麼樣的人，你就能成為什麼樣的人。所以，在日常生活與工作中我們應該多給自己一些鼓勵，一些期待，遇到問題時要告訴自己「我可以，我一定能解決」。

　　霍桑效應帶給我們的啟示更多地展現在企業管理上。企業要想不斷向前發展，就必須做到讓員工滿意。具體來說，就是管理者要認真了解分析員工的所思所想，掌握員工真正的需求。不僅要滿足他們的物質需求，還要想辦法滿足其更深層次的社會需求、心理需求，比如，受到尊重和重視，

能夠展現自我價值。只有這樣才能激發出員工更大的工作熱情，使其積極發揮主觀能動性和創造性。

此外，管理者在與員工溝通時要善於傾聽，要善於幫助和啟發員工表達自己的思想與感情，還要在公開場合對做出成績的員工進行適當的表揚。這樣做不僅可以增強員工對管理者的信任感，還能增強其自信心和使命感，從而創造出更好的業績。

黑暗效應
—— 黑暗能給人帶來安全感

【心理學詞典】

黑暗效應是指在一個光線比較昏暗的地方,雙方在約會中都沒辦法看清對方臉上的表情,這樣一來就會減少戒備心理而產生出一種安全感。在這樣的情況下,彼此建立親密關係的可能性就會遠遠超出那些光線比較亮的地方。

【心理學實驗】

加拿大多倫多大學與美國西北大學的科學家做過這樣一個實驗:他們將參加實驗的人隨機分成兩組,甲組人待在一個燈光比較亮的房間裡,乙組人則待在一個燈光比較暗的房間裡。

第一項實驗中,研究人員讓兩組人一起看一個假想的廣告影片,影片中的人上班遲到了,科學家讓兩組人判斷一下主角是否具有攻擊性,結果認為主角具有攻擊性的人大多來自甲組。

第二項實驗中，研究人員讓兩組人對一組詞語所表達的情緒進行分類，比如，中立詞、消極詞、積極詞等。結果發現，甲組人認為「微笑」、「鮮花」等詞語更傾向積極，而「醫學」、「牙醫」等詞語則更傾向消極，兩組人對中立詞的評價則沒有差異。

研究人員認為，兩組人在情感表達上的差異，與燈光下人們對熱量的感知得到增強有關。心理學家認為燈光太亮，會很容易讓對方察覺並且放大對方所具有的攻擊性，與此同時，人們對情緒化詞語的敏感性也會得到增強。

【心理學與生活】••••••••••••••••••••••

王東在一次讀書會上認識了一名叫墨白的女生，對方是一位小學老師。他和墨白因為觀點相近，所以就交流了很多。初次接觸後，王東對墨白產生了好感，就拐彎抹角地打聽墨白的感情狀況，當他得知對方未婚單身時非常高興，便主動約她吃飯、一起出去玩。可是他們每次約會，他都感覺到墨白好像對自己有一點戒心，接觸一段時間後他發現彼此也沒有什麼深入的了解，兩人中間好像隔了點什麼，這讓王東很灰心。

有一次，他看到一則自己喜歡的民謠樂隊在一家酒吧裡演出的消息，就問墨白想不想去。其實他只是抱著試試看的想法邀請她，因為在這之前墨白從沒說過自己喜歡酒吧、喜

歡民謠。可沒想到這次她很高興地答應了。

那天他們在酒吧一邊看演出一邊聊天，聊了很多彼此的近況、家庭的情況及興趣愛好什麼的，彼此聊得很愉快，而且王東感覺這次墨白明顯要比之前放得開了，沒那麼拘謹，對自己也更熱情。這次約會後，他感覺兩個人的關係比之前更親密了一些。

於是，以後每次約會他都會把地點選在一些光線比較暗的場所，比如，電影院、酒吧、KTV 等。一年後他們結婚了。

王東能成功抱得美人歸，可能要歸功於黑暗效應，為什麼這麼說呢？心理學家認為，在正常情況下，我們在與人進行交流時都會根據對方和外界的條件決定自己該與對方聊些什麼內容，該說多少心裡話。當我們對對方不是很了解時，不會什麼話都說，並產生出一種戒備感。但我們又想和對方繼續接觸，此時就會盡量將自己好的一面展現出來，而不願意暴露自己的弱點和缺點，這就會讓雙方之間產生隔閡，在溝通時存在障礙。

這種戒備感在白天時達到最強，因為白天光線比較強，而光線又會對人的情緒和行為造成影響，我們的情感反應在比較強的光線下會更強烈一些，而當我們在光線比較暗的環境中則會溫和很多。所以白天的時候，我們為了保護自己會將自己偽裝起來，而且對來自外界的刺激也會更敏感，這時

我們與人親近的可能性就會比較低。

　　而在黑暗的環境中，我們就不會那麼戒備，會覺得自己更安全一些，就會卸下「面具」，展現出更真實的一面。與此同時，我們會覺得對方的攻擊性也降低了，會更願意接近對方，這樣一來兩人親近的可能性就會增加很多。

　　此外，雙方在黑暗中交談時，因地位、身分的差距所產生的壓迫感也會降到最低，有利於雙方更加輕鬆愉快地進行交流。

史華茲論斷
—— 幸福是自己定義的

【心理學詞典】

史華茲論斷是美國管理心理學家 D. 史華茲提出的，其內容是我們遇到的所有壞事情，只有在我們認為它不好的情況下，才會成為真正不幸的事情。

【心理學與生活】

華羅庚國中畢業後因家裡困難、交不起學費而從職業學校退學，可是他並沒有放棄學習。回到老家後，他一邊幫忙父親工作，一邊繼續刻苦自學。可是沒過多久他又得了傷寒，差一點就失去生命。那段時間他在床上躺了整整半年，後來雖然病好了，卻導致終身殘疾 —— 左腿關節變形，走路一瘸一拐。

那時他才 19 歲，面對這樣的打擊，他迷茫、困惑，近乎絕望，可是他並沒有放棄自己。在那段痛苦的日子裡，他想起失去雙腿但仍然闖出一番功業的孫臏，心想：「他腿沒了還能勇敢面對，我只是腿瘸了，有什麼理由不努力呢？」於

是他決心用健全的大腦代替不健全的雙腿。

19 歲的他變得更加頑強了，白天時他拖著病腿，強忍著疼痛幫忙父親工作，晚上時他就在煤油燈下自學到深夜。1930 年，他在雜誌上發表了一篇關於數學的論文，引起大學數學系主任的注意，後來大學聘請他做圖書館館員。此後，他一邊在圖書館工作，一邊在數學系旁聽，還用四年的時間自學英語、德語、法語，並發表了十篇專業論文，25 歲時就已經成為國際有名的青年學者了。

我們在日常生活中總是會遇到這樣或那樣不好的事情，會遭遇各種挫折。遇到挫折並不可怕，關鍵是以怎樣的態度去面對挫折？是自暴自棄，還是振作改變？不同的態度會產生不同的結果，決定權其實一直掌握在我們自己手裡。按史華茲的說法，如果自暴自棄，面對挫折不做任何努力，挫折對我們來說就是一件壞事；但是如果積極面對，像華羅庚那樣採取有效的措施去改變現在的處境，那挫折就不是一件壞事，因為透過努力，我們能得到更多。

下面，我們就來具體了解一下該如何正確面待挫折。

1・正確認識挫折

在我們成長的過程中，挫折是不可避免和逃避的，同時也是不可或缺的。

遭遇挫折會讓我們失望、痛苦、不安，但同時還會讓我

們得到磨練，使我們變得更加堅強和成熟，下次再遇到問題時我們就能更加靈活地應對。

2・適當宣洩不良情緒

人在遭遇挫折時會產生一些不良情緒，而這些不良情緒又會對人體造成傷害，令我們身心俱疲，非常不利於問題的解決。所以，這時我們非常有必要對不良情緒進行適當的宣洩，這樣才能在健康的狀態下積極應對問題、解決問題。

3・學會向朋友求助

當我們發現面對的一些困難或問題已經超出自身能力範圍時，要學會向朋友尋求幫助。這樣不僅能讓我們更容易戰勝挫折，同時也能拉近與朋友之間的關係，千萬不要因為擔心被拒絕而放棄求助。

4・認真分析遭遇挫折的原因，並積極應對

遭遇挫折後，要認真想想自己究竟哪裡做錯了，是什麼原因導致失敗。只有找到失敗的原因，才能更容易戰勝它。找到原因後還要積極尋找解決方法，不能逃避，因為逃避不僅解決不了問題，還有可能讓問題變得更嚴重。

5．樹立強大的自信，並且要積極調整目標

我們只有充滿自信，才不會因為一時的挫折而驚慌失措，更不會一蹶不振，才會相信自己，從而做出正確的選擇。此外，我們還要及時對目標進行調整，讓它與實際情況相符，那些不切實際的目標不僅不會實現，還會讓我們飽受挫折。所以，我們既要保持自信，又不能盲目地自信。

6．給傷痛加上一個期限

我們在面對任何挫折時，都要給傷痛加上一個期限，告訴自己在這個期限內可以允許自己低落、消沉，一旦超過這個期限就一定要振作起來，就算傷口還在，它也不能妨礙我們前行。我們也不必擔心有傷口，因為時間會在不知不覺中將其治癒。而且這種治癒並不是簡單忘記，而是在不斷累積生活閱歷的過程中讓我們變得更加豁達。

7．學會自我接納

要學會對自己進行比較全面、客觀的認知，擺正自己的位置，正視自己的優點和缺點，接受自我，欣賞自我，並且還要在此基礎上發展自我，不斷地對自我進行完善。

野馬結局
—— 不要因一點小事生氣

【心理學詞典】

野馬結局是心理學上的一條著名的法則,具體是指因為一點小事而大動肝火,以至於因為別人的過失而傷害自己。

非洲草原上有一種體積很小的吸血蝙蝠,靠吸其他動物的血生存,總是喜歡吸野馬身上的血。每當這時,野馬就會非常生氣,於是牠奔跑、跳動,能做的都做了,可就是拿小蝙蝠沒辦法,蝙蝠總是能很從容地喝飽血後再離開。結果不少野馬因此被折磨死了。

後來動物學家研究發現,其實吸血蝙蝠從野馬身上吸的血很少,根本不會導致野馬死亡,而那些野馬之所以會死,完全是因為憤怒,也就是說,牠們是被活活氣死的。這就是野馬結局的由來。

【心理學實驗】

醫學心理學家對狗做過一個嫉妒情緒實驗：

他們將一隻餓了好幾頓的狗關在一個鐵籠裡，然後讓籠子外面的另一隻狗當著牠的面吃著肉骨頭，結果籠子裡的狗開始狂躁不安。後來事實證明，牠在嫉妒、急躁和憤怒的負面情緒影響下，產生了精神官能症性的病態反應。

【心理學與生活】

野馬結局不只存在動物身上，人類社會也經常發生這樣的情況。在日常生活中，經常會有人一言不合就大發脾氣，甚至大打出手，遇到一點點小事就非常激動，暴跳如雷。我們經常會被小事影響。心理學家研究顯示，人一生中有 1/3 的時間都處在情緒不佳的狀態中。負面情緒會對我們的身心健康造成嚴重的傷害，比如，一個人在生氣時心跳會加快，還會心律失常，從而誘發心慌、心痛。此外，生氣還會讓人的心理失常，情緒高度緊張，甚至導致心臟停止跳動。

如果我們經常因為一點小事生氣，會嚴重影響人際關係，憤怒不僅會傷害我們，還會孤立我們。

所以，自古以來許多有識之士都在想辦法控制憤怒，下面我們來看看林肯（Abraham Lincoln）總統是如何做的。

蓋茨堡會戰結束後，戰敗的南方軍隊在李將軍（Robert E. Lee）的帶領下退到波多馬克河邊，誰知道這時河水暴漲，他們無法過河。聽到消息的林肯總統很高興，覺得這次只要負責追擊的米德將軍（George Meade）抓住機會發動攻擊，一定能抓住李將軍，這樣內戰也就結束了。於是他馬上給米德將軍發了封電報，讓他不必召開軍事會議，馬上帶兵出擊。

　　結果米德將軍還是召開了軍事會議，也因此耽誤時機，而且他調兵遣將時拖泥帶水，結果河水退了，李將軍和他率領的南方軍隊順利渡河逃走。聽到這個消息後，林肯總統非常生氣地說：「只要伸出手他們就跑不掉，我的命令居然不能讓軍隊移動半步。」於是他馬上給米德將軍寫了一封很不客氣的信：「我不相信你不知道李將軍逃走的嚴重後果。我無法期望你改變形勢，也不期盼你以後做得更好！」

　　但是沒過多久他就冷靜了下來，他發現自己對米德將軍的批評不夠妥當，因為他意識到自己在距離戰場很遠的白宮釋出命令自然是比較容易的，而米德將軍在戰場上執行命令卻要困難得多，幾萬人的部隊需要統一的指揮，而且士兵和馬匹也都很累。

　　此外，他還考慮到這樣批評米德將軍，萬一自尊心很強的米德將軍看到信之後選擇辭職，那不僅會讓他們之間產生不愉快，對戰爭的勝利也沒有好處。所以他決定讓這封信永遠留在抽屜裡，同時他也告誡自己，遇到不愉快的事情時一定要保持冷靜，尤其是在認為道理在自己這一邊，打算批評別人的時候。

後來，林肯總統的兒子在父親抽屜裡發現了很多批評別人的信，原來林肯只是將寫批評信當作讓自己冷靜下來的一種方法。

下面，我們再來了解一些控制消極情緒的方法。

1・尋找原因

當我們發現自己悶悶不樂或滿腹憂慮時，我們應該馬上尋找原因，看看究竟是因為什麼不高興。一旦找到原因就會輕鬆很多，再用明確的語言把原因表達出來，然後集中精神對付它。

2・盡量多親近大自然

許多專家都認為，親近大自然會讓人心情變得愉悅，如果所處的環境不允許我們經常去戶外活動，那麼就算在窗前看看遠方的花草樹木，也能讓心情好一點。

美國密西根大學的心理學家做過這樣一個有趣的實驗：分別讓兩組人員在不同的環境裡工作，甲組辦公室的窗戶靠近許多植物，乙組辦公室則位於一座喧鬧的停車場，結果發現甲組的工作熱忱要比乙組高很多，同時工作效率也高出很多。

3・保持充足的睡眠

　　美國匹茲堡大學羅拉德・達爾教授的一項研究發現，睡眠不足會對我們的情緒產生非常大的影響。他指出，對睡眠不足的人來說，那些讓人煩心的事更能左右他們的情緒。

　　那麼，成年人一天究竟要睡多久才夠呢？羅拉德・達爾教授針對這個問題做過一個實驗：在一個月的時間裡，讓參加實驗的人們每晚都在黑暗中待上十四個小時，第一晚幾乎每個人都睡了十一個小時，

　　此後他們每一晚的睡眠時間都穩定在八小時左右。

　　他還讓參加實驗的人每一天分兩次記錄自己的心情狀態，結果所有的人都說在睡飽了之後心情更為舒暢，看待事物也變得更為樂觀。

4・尊重客觀規律

　　美國加州大學的心理學教授塞伊指出，個人情緒變化與身體內在的「生物節奏」有密切關係，我們一天中所吃的食物、精神及健康狀況，甚至是一天之內的不同時段，都能對我們的情緒產生不同的影響。

　　塞伊教授的一項研究發現，睡很晚的人情緒不佳的機率會更高一些，而且我們的精神通常是在午後的時候最差，此時一件不好的事情就會對我們的情緒產生巨大影響。

塞伊教授進行的另一項研究還發現，當一個人的體溫在正常範圍內處於上升期時，其心情就會更愉快一些，他此時精力也最充沛。

5・保持合理的飲食

大腦活動需要的所有能量都來自我們吃的食物，所以情緒波動也和我們吃的食物有關係。

要想有個好心情，就應該養成健康的飲食習慣，要按時吃飯，嚴格限制咖啡和糖的攝取，因為它們可能會讓我們更容易激動，每天至少還要喝六到八杯水。

此外，要多吃一些碳水化合物，它能讓人心境平和，感覺舒暢，還可以增加大腦血液中血清素的含量，這種物質又被認為是人體自然產生的鎮靜劑。稻米、水果、雜糧都是富含碳水化合物的食物。

6・多運動

即使我們只是走十分鐘的路，也能讓心情變好。研究人員發現，運動可以讓人的身體發生一系列生理變化，它的功效和那些提神醒腦的藥物差不多，但是與藥物相比它對人體幾乎沒有任何傷害。不過，要想有明顯的效果，最好是做有氧運動，如游泳、騎車、跑步等。

電子書購買　　爽讀 APP

國家圖書館出版品預行編目資料

人生好難，但這本心理學超簡單！鳥籠效應、
安慰劑效應、破窗效應、登門檻效應……50 個
讓人後悔為什麼沒早點知道的實用心理學！ /
明道 著 . -- 第一版 . -- 臺北市：樂律文化事業有
限公司 , 2024.07
面；　公分
POD 版
ISBN 978-626-98761-2-9(平裝)
1.CST: 心理學 2.CST: 通俗作品
170　　　113008555

人生好難，但這本心理學超簡單！鳥籠效應、安慰劑效應、破窗效應、登門檻效應……50 個讓人後悔為什麼沒早點知道的實用心理學！

臉書

作　　　者：明道
責任編輯：高惠娟
發 行 人：黃振庭
出 版 者：樂律文化事業有限公司
發 行 者：崧博出版事業有限公司
E - m a i l：sonbookservice@gmail.com
粉 絲 頁：https://www.facebook.com/sonbookss/
網　　　址：https://sonbook.net/
地　　　址：台北市中正區重慶南路一段 61 號 8 樓
8F., No.61, Sec. 1, Chongqing S. Rd., Zhongzheng Dist., Taipei City 100, Taiwan
電　　　話：(02) 2370-3310　　　傳　　　真：(02) 2388-1990
律師顧問：廣華律師事務所 張珮琦律師
定　　　價：375 元
發行日期：2024 年 07 月第一版
◎本書以 POD 印製
Design Assets from Freepik.com